BRUNO ADRIANO

A JORNADA DA FELICIDADE

1%
AO DIA
DE EVOLUÇÃO
PARA **EMPREENDER**
E **LIDERAR** EM
TEMPOS DE CRISE

Copyright© 2022 by Literare Books International
Todos os direitos desta edição são reservados à Literare Books International.

Presidente:
Mauricio Sita

Vice-presidente:
Alessandra Ksenhuck

Diretora executiva:
Julyana Rosa

Diretora de projetos:
Gleide Santos

Capa, diagramação e projeto gráfico:
Danilo Scarpa (daniloscarpa.com)

Revisão:
Rodrigo Rainho

Relacionamento com o cliente:
Claudia Pires

Impressão:
Gráfica Paym

Dados Internacionais de Catalogação na Publicação (CIP)
(eDOC BRASIL, Belo Horizonte/MG)

A243j	Adriano, Bruno. A jornada da felicidade / Bruno Adriano. – São Paulo, SP: Literare Books International, 2022. 16 x 23 cm ISBN 978-65-5922-366-4 1. Literatura de não-ficção. 2. Felicidade. 3. Técnicas de autoajuda. I. Título. CDD 158.1

Elaborado por Maurício Amormino Júnior – CRB6/2422

Literare Books International.
Rua Antônio Augusto Covello, 472 – Vila Mariana – São Paulo, SP.
CEP 01550-060
Fone: +55 (0**11) 2659-0968
site: www.literarebooks.com.br
e-mail: literare@literarebooks.com.br

BRUNO ADRIANO

1%
AO DIA
DE EVOLUÇÃO
PARA **EMPREENDER**
E **LIDERAR** EM
TEMPOS DE CRISE

Bruno Adriano

A jornada da felicidade

Como evoluir 1% ao dia para empreender
e liderar em tempos de crise

Bruno Adriano

Bruno Adriano

Prefácio...8

Agradecimentos...12

Apresentação...15

Capítulo 1   A gênese da jornada em busca das decisões.........................19

Capítulo 2   O poder da consciência.........................25

Capítulo 3   Como liderar e melhorar a performance 1% ao dia.............33

Capítulo 4   O dinheiro versus a jornada da felicidade.............................41

Capítulo 5   O que considerar diante da transição de carreira.................49

Capítulo 6   Como viver e vencer numa transição de carreira.................59

Capítulo 7   Como adaptar-se para viver em tempos de crise e inspirar a nova geração...67

Capítulo 8   Os limites da inserção digital.................................75

Capítulo 9   O GPS da vida realizadora.................................83

Capítulo 10   A estabilidade da reputação.................................91

Capítulo 11   Os adultos digitais...101

Capítulo 12   O que é saudável ou terrível nos planos de mudança.........109

Capítulo 13   O fim das caixas padronizadas.................................115

Capítulo 14   Quem cuida de quem cuida?.................................123

Capítulo 15   A tomada de consciência para buscar a sua verdade.........131

Capítulo 16   Como os líderes modernos podem ter o time ao seu lado.....139

Capítulo 17   Adapte-se, evolua e seja feliz.................................147

Prefácio

Prefaciar este livro é muito mais do que uma honra!

Antes de explanar sobre o conteúdo, sinto que o leitor merece um resumo sobre quem escreve, pois conheço bem essa carismática figura.

Participei das escolhas profissionais do autor, testemunhei suas decisões acadêmicas e vi como sua mente e jovialidade buscavam o prático, ao estilo aprender e resolver, além de seu nato talento para lidar com as pessoas. Eu tinha a certeza de que a Psicologia deixada lá atrás um dia retornaria à vida do autor, como de fato voltou com novas nuances bem direcionadas ao desenvolvimento humano.

Acompanhei as trajetórias, as inquietudes de sua busca pelo conhecimento, o decorrente amadurecimento pessoal e profissional, além do *leap of faith* com a mudança de carreira. Mal sabia, mas o seu "*Ikigai*" praticamente nasceu com ele.

A escolha esportiva pelo *Tae Kwon Do* forjou sua disciplina e o manteve nesse caminho, além de fortalecer suas bases de propósitos. Com os anos que dedicou ao trabalho e aos estudos, percebi o fim de suas inquietudes, a expansão de seus conhecimentos, metas e objetivos de vida, o amadurecimento e o direcionamento da força e da explosão acumuladas em seu interior.

Uma das mais belas e impactantes aprendizagens das conversas e leituras que tivemos foi quando pude perceber a importância do "um dia de cada vez", e a unicidade que tem cada pessoa, jornada e vitória.

Não podemos comparar nossa jornada com a de outro que nada tenha a ver com nossa realidade e perfil.

Tal tipo de comparação soterra a motivação para continuarmos em frente, pois cada ser é único por essência e merece evoluir 1% ao dia em vez de passar a vida se comparando.

Em busca da nossa paz, reforçamos a fé e as crenças. Lembremos, pois, que "Deus está nos detalhes" e, muitas vezes, aquilo que mais desejamos está muito perto de nós, exigindo, talvez, apenas o treino dos olhos.

Faz-me lembrar também que a felicidade não deve ser apenas uma meta, ela está presente também nas conquistas do caminho, em cada uma delas, incluindo as menos expressivas.

Uma das características que mais destaco a quem deseja ser educador é "educar pelo exemplo". Não adianta falar por horas se as atitudes forem contrárias e não fizerem sentido. Na liderança, o caminho é o mesmo. Liderar deve ser pelo exemplo, e respeito se conquista, não se impõe. O verdadeiro líder ensina e quanto mais divide, mais multiplica seu conhecimento, além de incentivar e investir em capital humano. Assim defino o autor da obra, uma personalidade agregadora e acolhedora.

A gratidão pelo que conquistou é tão visível que ele quis compartilhar com outras pessoas sob o gradativo formato de 1% ao dia. Isso é raro nos dias de hoje... assim como é a empatia, sobre a qual muito se fala por aí e pouco se pratica. Ter empatia é algo da minha natureza.

Destaco ainda a humildade para receber *feedbacks*, buscar constantemente conhecimentos que o fazem ir além, com a preocupação de quem sabe analisar a situação e perceber que, para cada demanda, precisa ter um conhecimento mais profundo.

Hoje vejo claramente como esta jornada da felicidade foi transformadora na vida do autor, a ponto de transbordar e transformar as pessoas ao redor, a ponto de transmutar o que viu e aprendeu para esta obra, que tanto agregará na vida de quem tiver a chance de apreciá-la.

Lembrei-me daquele dito popular "fazer um filho, plantar uma árvore e escrever um livro". Bruno foi além, plantou ideias que geraram frutos, e um deles é este livro. Aproveite a oportunidade de degustar tal fruto cultural que, posso testemunhar, retrata a aprendizagem de anos de estudos e práticas.

Caro leitor, pode esperar uma leitura inspiradora, uma história verdadeira que cria em nós a identificação com os relatos descritos. Espere uma história motivadora, com aprendizagens para toda a vida. Surgirão catarses, *insights*, ideias, inovações, motivações e até verdades profundas.

Recomendo que seja lido diversas vezes no decorrer da vida, pois, em cada ocasião, algo diferente nos chamará a atenção, aprenderemos ainda um pouco mais, de acordo com o que nos mais é sensível naquele momento.

Todas as vezes que li, me emocionei, me identifiquei, me reconectei com a essência. Portanto, tenho profundo carinho e respeito pela filosofia do 1% ao dia.

A certeza de que o 1% é mensurável e tangível traz a ideia do plano abstrato para o concreto, torna-o real e de fácil acesso. Esse processo gradativo nos é próximo e as realizações, em pequenas e constantes doses, nos motivam e nos fazem ir além, não só em busca de uma felicidade, mas também sendo felizes durante a busca.

Antes de entrar nesta boa leitura, quero deixar mais um conselho a respeito do que você, leitor, pode esperar, o que pode aprender ao longo desta jornada de aprendizagem e autoconhecimento.

Leia e marque páginas, destaque trechos, escreva perto deles ideias ou palavras que lhe vierem à mente, o que fizer sentido para você. Compartilhe com pessoas de quem se lembrou. Essa fixação reforçará as ideias e gerarão mais conhecimento para você.

Por enquanto, resta a mim o dever de desejar a você o que há de melhor sob o ponto de vista da obra.

Ao passo de 1% ao dia, boa jornada evolutiva!

Andraine Muselli é bibliotecária escolar, dedica-se a pesquisar e estudar o letramento informacional, que visa desenvolver as habilidades informacionais tanto para a busca, uso e/ ou aquisição de conhecimento, de forma qualificada e ética, como orientar e capacitar pessoas que precisam confeccionar trabalhos acadêmicos científicos à luz das normas. Em paralelo, tem empreendido esforços nos campos da biblioterapia e da psicanálise.

Agradecimentos

Certa vez, uma pessoa muito especial em minha vida, que farei questão de citar, disse que o ato de agradecer tem o mesmo significado de "a graça descer".

Aprendi também que a gratidão, em sua dose mais forte e profunda, é possível ser sentida e exercida por alguém que não esteja fisicamente presente, por quem ainda não conhecemos e até por alguém que nem exista. Podemos também exercê-la por uma experiência vivida, seja positiva ou negativa.

Isso fez e faz tanto sentido em minha vida que, desde então, quando quero exercer a gratidão a alguma pessoa ou mesmo uma situação vivida, desejo que a graça, ou seja, Deus em forma de Espírito Santo, caia sobre a vida dessa pessoa e dos seus familiares. É exatamente isso que faço a partir de agora:

Agradeço por este livro a Deus, que em sua infinita bondade e sabedoria foi e continua sendo Autor e Diretor da minha história.

Aos pais Paulo e Rosa. Minha mãe, guerreira, mulher que aprendi a admirar e respeitar do jeito que é. Te amo, mãe! Meu pai, por ter sido minha fonte de sabedoria, de amor à vida, ternura e valorização à família. Sou grato por você estar presente desde os meus primeiros dias e por vivermos de forma intensa os seus últimos dias de vida. Te amo, pai!

Aos meus irmãos e irmãs, que me acolheram como caçula e temporão. Cada um de vocês me ensinou algo que levo em minha vida como aprendizado: Paulo Cláudio, pela inteligência técnica e emocional. Ana, pelo seu estado de humor mesmo com tantas situações difíceis. Vera, pela personalidade forte exercida em posicionamentos. João, pela paciência e servidão a outras pessoas. Marcus, pela oratória e aptidão artística. Beth, pela dedicação ao trabalho. Paulinho, pela mente genial, por sua bondade e amor, que mesmo invisível aos olhos é sentido e, em especial, à Andraine por sua resiliência e fonte de inspiração para a produção deste livro.

À minha esposa Luciana, um ser incrível de temperamento forte e coração doce, apoiadora dos meus projetos, zelosa mãe e esposa, um verdadeiro alicerce da nossa relação, casa e família. Com toda certeza, você representa meu 0,5% de melhoria diária! Te amo, meu amor!

Aos meus filhos, Bruno e Luna. Bubu por ser o meu maior sonho realizado, um filho muito melhor do que desejei ter, por ser o meu melhor amigo e uma criança tão amorosa. Luna, por ser minha Pipoca, menina-mulher que é. Meiga, amorosa, amiga, um exemplo no quesito saber viver a vida. Amo vocês, filhos queridos!

Aos afilhados Giulia, Sarah e João, meus filhos que os amigos e irmãos confiaram à introdução e continuidade cristã. Amo vocês!

Aos sogros Bicota e Maria, que são como pais para mim, além de maravilhosos avós para os meus filhos.

Aos amigos, em especial aqueles que são irmãos em vida: Adriano, Tadeu, Fred Lopes, Leoney, Zim, Carol Guerra, Vivi, Nem, Thiago Birro. Amo cada um de vocês!

Ao Evolarse Instituto de Inteligência Emocional, por ser outro sonho realizado. Em especial ao meu amigo, irmão e sócio José Carlos Júnior, por viver a vida fiel à sua essência e manter viva a chama do Evolarse.

À Emive Segurança Eletrônica e aos 18 anos que vivemos juntos. Em especial, a Wallace Soares, por ter sido um parceiro fiel e uma referência de empreendedorismo.

À loja de Franquia, em especial a Lucien Newton, fundador e referência de negócios na área de *Franchising*.

Aos amigos da Faculdade Newton Paiva, em especial a Everson Silva, que me apresentou quão maravilhosa é a fé em Deus e em Nossa Senhora Aparecida.

Aos amigos do MBA da FGV e, olhando para o passado mais remoto, também aos amigos da Escola Estadual Central.

Aos clientes de mentorias, palestras e treinamentos, que confiaram e confiam em meu trabalho, que me ajudam a ser uma pessoa e um profissional melhor 1% ao dia.

Ao Grão-mestre Rogério Rocha e ao Mestre Alex Rocha, pilares de disciplina e integridade no ensino do *Taekwondo*.

Ao *Crossfit* Aliança, em especial ao *coach* Rodrigo Fortes, por sua técnica e dedicação, que proporcionam saúde e longevidade a mim e à minha família.

Ao IFT - Instituto de Formação de Treinadores, em especial a Massaru Ogata, Bianca Ogata e Bruno Ferreira, por proporcionarem o bem e serem transformadores na vida de tantas pessoas. Ao Instituto Excelência, em especial a Renata Lemos. Ao Ibra PNL, em especial a Mauricio e Débora.

A você, que confiou em meu trabalho e neste momento se dedica a ler o conteúdo que preparei com tanto carinho. Boa leitura!

Apresentação

Algum dia, você se perguntou por que os grupos de ajuda social, a exemplo dos alcoólicos anônimos, têm alta taxa de êxito?

Embora o trabalho deles seja louvável e complexo, a resposta central é bem simples e pode inspirar a jornada que traçaremos juntos durante a obra.

Os números estão aí para mostrar: o tratamento radical para uma pessoa enferma (alcoolismo é doença) tende a não funcionar. Se alguém dissesse a um alcoólatra viciado há anos que ele nunca mais poderá beber, dificilmente ele encararia as privações exigidas para o processo de cura.

Cientes disso, entidades como o "AA" trazem a filosofia "só por hoje". Até quem não bebe é capaz de ser empático e entender que *só por hoje* soa bem mais leve aos ouvidos e aos sentidos do que *nunca mais*.

É assim que traçaremos a nossa jornada: eu seria irresponsável se pedisse a você que, a partir de agora, nunca mais cometesse erros. Tampouco poderia propor que nunca mais fizesse o que gosta só para ter o que precisa, pois não acredito que a privação seja o único ou o melhor caminho para as conquistas pessoais ou profissionais.

Distante disso, proponho a filosofia de tornar-se um ser humano melhor a um preço que cabe no bolso, evoluindo 1% ao dia. Em uma analogia, é como a casa dos sonhos, talvez não tenha o dinheiro suficiente para comprá-la nos próximos anos, mas um financiamento de 1% do valor pago em parcelas há de caber no bolso de quem sonha.

Então, proponho uma breve reflexão antes de mergulharmos, capítulo a capítulo, nas profundezas do autoconhecimento. Depois da revolução industrial, o mundo tinha o novo desafio de entender o ser humano além da "produtividade", qualidade que norteou a indústria e o comércio desde que as primeiras máquinas foram inventadas.

Dessa nova necessidade, surgiram várias matérias para apoiar a *performance* e a comunicação dos negócios, como a programação neurolinguística, que trouxe aos idos de 1970 uma excelente ferramenta de apoio neurológico, e que gerou para a pessoa uma chance de observar tanto o seu processo de comunicação, quanto o de seu semelhante. A partir daí, pudemos entender que o ser humano tem o seu tempo, as suas crenças, os seus valores e comportamentos que mapeiam ou regem sua vida.

Foi ainda nos anos 1990 que a inteligência emocional invadiu nossas vidas de uma maneira muito promissora e efetiva, mostrando que o ser humano é muito mais do que o pragmatismo dos números, provando que precisamos olhar para dentro antes mesmo de investir na busca dos objetivos que estão lá fora.

Antes que o século XXI anunciasse os incontáveis desafios tecnológicos que o mundo testemunharia, os pesquisadores norte-americanos apresentavam a psicologia positiva, fruto de pesquisas e estudos que abrangiam as fronteiras da mente. Com o sucesso e a adoção praticamente mundial do tema, pouco tempo depois ninguém ousaria duvidar que a psicologia positiva teria o papel de frutificar a jornada da felicidade, já que até os mais céticos percebem ser possível, a partir dela, traçar um caminho de prosperidade alicerçado pelo potencial humano, diante daquilo que gera movimento: as motivações, a busca, o propósito existencial, aquilo que faz a pessoa sair da cama não apenas para trabalhar e pagar as contas, mas para ser feliz enquanto oferece o máximo de sua *performance* profissional.

O corporativo do século XXI tem à sua disposição também o estudo sistêmico, uma oportunidade de avaliar a fenomenologia, os eventos e as tramas que determinam a dinâmica da empresa, do negócio, e que facilita ainda entender os conflitos entre líderes e colaboradores, diretores, sócios e gestores.

Por mais que esses temas – PNL, inteligência emocional, psicologia positiva e constelações sistêmicas – tenham uma conexão favorável com o ser humano, cada um deles carrega peculiaridades que merecem o nosso debruçar, pois o que há de mais belo e inusitado no DNA é a individualidade das emoções e das perspectivas racionais, isto é, as lentes que o ser humano se permite usar para contemplar a vida, os negócios, a felicidade, a família, o entorno, o todo. Apesar de ter procurado essas e outras formações ao longo da carreira, quero tranquilizar você, porque a obra não vai se concentrar nelas. Não vou ficar apresentando dez passos da PNL para isso, 7 pilares das constelações, nada disso!

Se assim o fizesse, trairia a sua confiança, já que a uns poucos cliques você consegue acesso na Internet a informações sobre PNL, *Coaching*, Constelações e qualquer tema semelhante.

Ao preparar o conteúdo que agora coloco diante de seus olhos, me certifiquei de que não entregaria algo óbvio, não colocaria em suas mãos mais do mesmo dito com palavras diferentes. Para me assegurar de que não seria e nem faria assim, decidi combinar o conteúdo que proponho em minhas palestras, consultorias e treinamentos à experiência que venho colhendo ao lado de empresários, executivos e pessoas físicas e jurídicas que contrataram o nosso trabalho porque enxergaram a necessidade de mudar e se disseram satisfeitas pela escolha, levando o nosso Instituto Evolarse a uma taxa de recontratação acima de 70%.

Apesar do fato de que as emoções protagonizam boa parte da evolução pessoal e profissional, pretendo entregar nas próximas páginas caminhos práticos, racionais e mensuráveis, para que você use as emoções a fim de construir resultados lógicos e sólidos, transcendendo as teorias românticas inaplicáveis que tenha conhecido por aí.

Outra faceta que desejo apresentar é a congruência. Não me conformaria em apresentar uma seleção de teorias e quero mesmo é oferecer a você soluções e rotas que testei em minha vida, usando o GPS da vida realizadora, que facilita as rotas para a jornada da felicidade.

Em dado momento, numa dessas encruzilhadas que exigem decisões difíceis, foi como se a vida colocasse o meu propósito existencial diante dos olhos e perguntasse:

— *Mesmo jovem Bruno, você alcançou os seus sonhos, galgou degraus e tornou-se executivo. Mas e agora, será que tem coragem suficiente para mudar de carreira e ajudar as pessoas a encontrar o caminho que sempre sonharam?*

A decisão que adotei, felizmente, trouxe-me até aqui e sinto-me feliz por essa oportunidade. Desejo a você uma ótima leitura e, no fim, espero que você decida aproveitar o presente que deixarei.

Capítulo 1

A gênese da jornada em busca das decisões

Sim, a gênese. De acordo com a etimologia da palavra, uma das traduções para a palavra grega *génesis* é "fonte de vida", o que me leva a fazer uma provocação filosófica.

Já refletiu que a vida passa a ter sentido quando a fonte da existência faz jorrar o nosso propósito?

Da filosofia para a vida real, que enche a vida de perguntas e respostas, em outras palavras foi assim que aconteceu comigo. A busca por algo maior que faz a pessoa feliz, plena e sabedora de que a sua vida faz total sentido bateu forte em meu coração. Antes de dividir uma experiência cuja decisão pode ser útil para inspirar as suas decisões, vamos só dar uma descortinada nesse tema "decisão":

Todos sabemos que cada decisão tomada visa buscar prazer ou evitar sofrimento. O que nem todos sabem é que essas duas motivações levam ao caminho da felicidade.

Claro que são buscas que possuem diversos e bem-intencionados formatos. Ninguém acorda pensando na intenção prévia de agir com a máxima eficiência para ficar o mais infeliz possível.

Manter-se solteiro ou casado, neste ou naquele emprego, mantenedor de um e outro vício, ignorar ou assumir uma decisão difícil, acolher ou deixar alguém partir; tudo isso é combustível, é motivação que representa a busca pelo prazer ou a prática de se evitar o sofrimento.

A jornada da felicidade

Agora, imagine algumas decisões radicais que ilustrarão a capacidade de refletir. Será que você concordaria? Veja os exemplos:

Deixar o Brasil, levando a mala e a vida para morar na Nova Zelândia. Fazer uma cirurgia para trocar de sexo. Divorciar-se de um casamento de quarenta anos. Investir todos os recursos financeiros em um só investimento que aparenta ser promissor. Fazer um aborto. Tornar-se eremita e viver numa caverna da mata atlântica. Deixar um emprego sólido para viver uma aventura sem garantias.

Parecem escolhas complicadas e difíceis, correto?

Sejamos empáticos e imaginemos as cenas que detalham os exemplos, com as respectivas respostas. Lembre-se de fazer a pergunta: **e aí?** Ao fim de cada cena revelada, como farei na primeira e na última ocasião.

O pai viúvo, homem de 80 anos, vive sozinho no Brasil, quando é convidado a morar na Nova Zelândia, em companhia da filha. E aí?

Aos 25 anos e do gênero masculino, desde criança Pedro se vê como mulher, até ser convidado a fazer uma cirurgia para trocar de sexo.

Após 30 anos sofrendo uma violência doméstica que nunca teve coragem de revelar a ninguém, Alice decide se divorciar e denuncia o marido às autoridades.

Em um evento, Mauricio recebeu uma dica de seu ídolo, homem milionário e um dos maiores investidores de todos os tempos, no sentido de alocar seus recursos em um fundo que vai transformar o mundo das finanças.

Aos 22 anos, Clara foi estuprada pelo tio, que deveria protegê-la, e engravidou.

Henrique, 68 anos, perdeu a esposa e os cinco filhos. Para espantar a depressão, após refletir por meses, decidiu viver distante da sociedade, em contato com a natureza.

Bruno, 36 anos, decide deixar um emprego sólido para viver uma aventura bem planejada, porém sem garantias evidenciadas.

Quase todos os exemplos são fictícios e a única exceção é o último, que ilustra a história de minha vida. Para espanto de todos os mais próximos, abri mão de uma sólida carreira executiva que só crescia, decidido a viver aquilo que hoje defendo: a jornada da felicidade.

Não se trata de propor ou definir escolhas certas e erradas, porque isso é uma lenda urbana. Desde que zele pelas obrigações civis, criminais e tributárias, cada cidadão é livre para decidir aquilo que acredite representar o objeto de sua felicidade naquele momento.

Até mesmo a ausência de decisão, a "não coisa", merece o respeito de quem está assistindo à cena e fica tentado a pedir que o outro faça alguma coisa, que decida algo, que escolha de uma vez. Idem para o silêncio no processo de comunicação, que muita gente interpreta como perigoso e trata de sair falando pelos cotovelos, procurando ter razão, dominar a pauta do diálogo ou obter algo do interlocutor.

Em um novo exemplo, digamos que a expectativa de vida de João seja de 80 anos, levando-se em conta a média que viveram os seus familiares.

Caso decida compreender a matemática de sua existência aos 40, se o nosso fictício personagem dividir sua vida em duas fatias, verá que tem outra metade a viver, mas será que João há de se fazer a pergunta das perguntas?

Veja como a obviedade e a simplicidade podem ser traiçoeiras. Na situação de João, qual seria a pergunta das perguntas? No fim do capítulo, a questão será revelada. Enquanto isso, vamos seguir refletindo.

De maneira inconsciente, a vida vai seguindo o seu curso. Raras são as pessoas que param um dia e pensam: *Hoje é dia 25 de março do ano tal; até hoje, conduzi a minha vida desta maneira, mas acho que está na hora de mudar algumas coisas*. E por que não fazemos isso? Falta a nós ponderação lógica, inteligência emocional ou discernimento entre uma e outra?

Nem uma coisa, nem outra. Temos capacidade cognitiva, habilidades, competências e recursos diversos à disposição, tudo pronto na mente através de um combo intelectual-emocional que se retroalimenta com as crenças e os valores que nos acompanham desde a infância, bem como se moldam de acordo com as vivências no ambiente e com o perfil daqueles com quem convivemos. Os antigos até criaram um ditado sobre isso: *Diga com quem tu andas*...

Em resumo, leitor(a), estou propondo uma nova forma de encarar a existência, nem melhor e nem pior em relação a tudo o que você já viveu, mas apenas diferente. Uma pergunta permite entender o núcleo dessa proposta:

O que posso fazer no dia de hoje para traçar escolhas, sejam aparentemente certas ou erradas, que tragam a chance de me aproximar somente 1% da felicidade que mereço?

Juntos, em cada capítulo, investigaremos o que pode ser feito. De início, posso adiantar que um dos mais temerários comportamentos da humanidade é buscar soluções rasas que não encontram respaldo mental. Melhor dizendo, razão e emoção precisam entrar em harmonia para que as decisões sejam tomadas sem o risco do famoso dilema, daquele instante em que uma parte de nós deseja fervorosamente alguma coisa e outra sequer admite a possibilidade.

Por enquanto, a gênese do conceito está em suas mãos, o que talvez simbolize o mais importante, a necessidade de enxergar. Isso mesmo!

> "Mais difícil do que decidir pela mudança evolutiva é decidir pela necessidade de ver a importância e os benefícios."

Fechando o trecho, vejamos se você acertou a provocação que fiz. João viveu a primeira metade de sua vida e a pergunta das perguntas é:

Como João deseja viver a segunda e última parte de sua existência?

Leve em conta que a segunda parte da vida inclui um dos mais poderosos recursos que não tínhamos na primeira parte, a experiência.

Abrimos um tipo de *"brainstorming* comportamental-existencial" e estamos só aquecendo. Seja bem-vindo(a) aos próximos capítulos!

Capítulo 2

O poder da consciência

Foi no inverno de 2019, poucos meses antes que a pandemia da Covid-19 assolasse os continentes, que aquela vontade comentada no primeiro capítulo beliscou a minha vida. Quem sabe as reflexões sobre o personagem João tenham comprometido a sua lembrança? Repito o que senti a respeito da pergunta que a vida fez, refletida em meus pensamentos.

— *Mesmo jovem, você alcançou os seus sonhos, galgou degraus e tornou-se executivo. Mas e agora, será que tem coragem suficiente para mudar de carreira e ajudar as pessoas a encontrar o caminho que sempre sonharam?*

Atuando na diretoria comercial de uma renomada empresa, havia conquistado o respeito típico do cargo de superintendente após 18 anos de dedicação intensa. Além da excelente remuneração, carregava a reboque o reconhecimento e a autoridade, também característicos da posição ocupada.

Quem olhasse de fora arriscaria dizer que eu era um cara feliz, livre de problemas, do tipo que alcançara o que desejava na vida.

Da minha parte, não é que estivesse queixoso dos rendimentos, da liderança que exercia ou da vida que levava. Pelo contrário, sentia-me grato por tudo o que os esforços tinham proporcionado. Porém, uma voz dentro de mim começou a falar cada vez mais alto e dizia o seguinte:

Eu preciso alcançar mais pessoas do que tenho na equipe. Quero contribuir para que outros tenham e conquistem seus objetivos de vida.

Fui para cima, mudei de vida e fiz a transição. Deixei a empresa para estruturar a minha empresa. E sim, ter e conquistar objetivos são coisas diferentes. Algumas pessoas se esforçam tanto para buscar objetivos, que não se lembram de encontrar seis questões condicionantes, seis "se":

1. Se há, de fato, objetivos factíveis ou estão só devaneando;

2. Se têm conseguido melhorar 1% ao dia;

3. Se estão preparadas emocional e tecnicamente para obtê-los;

4. Se e como esses objetivos afetarão a vida daqueles que essas pessoas amam;

5. Se podem confirmar que cada passo e esforço têm sido efetivamente investidos;

6. Se e quando celebrarão a conquista (momento crucial para medirem se conquistaram mesmo ou estão se enganando em nome da conveniência).

Note, portanto, que não se trata de uma proposta que aponte para o romântico estilo "Pollyana" de ver a vida. Não se trata apenas de pensar positivo e esperar que o universo gere a bonança.

Nossa vida é feita de altos e baixos, com obstáculos diários e gigantescos pelo caminho, entraves que exigem atenção, cautela, planejamento, estratégia e foco. Além das circunstâncias do cotidiano, ainda temos os nossos dias emocionalmente tenebrosos e difíceis em que a ansiedade, a tristeza, a aflição, a impaciência, a frustração e outros sentimentos marcam firme presença.

Ciente disso, em cada trecho da obra espero oferecer rotas, planos, estratégias e saídas que caibam em seu plano de ação, em seu estilo de vida.

O propósito da jornada da felicidade guiada pela estratégia de melhorar 1% ao dia visa mostrar que, na maior parte do tempo, o ser humano tem a prerrogativa de escolher, por meio da racionalidade e da consciência, que será feliz.

Sim, você terá raiva, medo, tristeza e outros sentimentos, mas a proposta é usar as partes racional e emocional da mente para ter mais consciência do que está decidindo, o direito de estar presente diante das escolhas, em vez de permitir que somente as circunstâncias decidam por você.

Vamos entender que a paz de espírito, a plenitude, a felicidade, a prosperidade – *ou como se queira definir o sinônimo dessa sensação que só faz bem* – não surge diante da ausência de conflitos e obstáculos, mas sim a partir da presença de convicções.

Ainda que as convicções que a pessoa hoje possui a levem ao encontro de um resultado indesejado, é melhor tê-las presentes no estado de consciência do que deixar todas as decisões a cargo do inconsciente, onde residem crenças armazenadas desde a infância e, aqui, se encaixa o que deveria nos deixar em estado de alerta.

Vejamos um exemplo da vida real.

Desde criança, Joaquim foi educado de uma maneira austera em relação a dinheiro. Escutava o pai dizer que gente rica não presta e a mãe sempre comentava que dinheiro é sujo. O tempo passou e Joaquim se tornou um profissional competente, homem de 32 anos com ótimas habilidades empreendedoras. No entanto, volta e meia estava endividado.

Um dia, submetido a uma mentoria de educação financeira, Joaquim acaba descobrindo as duas causas de seus problemas.

1) Nas profundezas de seu inconsciente, duas mensagens se firmaram e se transformaram em crenças: dinheiro é sujo e gente com dinheiro não presta;

2) No dia a dia, Joaquim tomava decisões inspirado pelo inconsciente, em vez de assumir escolhas conscientes.

Observe que não mencionei sintomas, mas sim causas. A diferença é elementar:

> "Assim como acontece na saúde,
> durante a jornada da felicidade
> os sintomas se amenizam com
> o remédio que traz alívio, mas
> só a causa permite diagnóstico,
> tratamento e cura".

Identificada a causa, e as limitações, bastou que Joaquim passasse a melhorar 1% ao dia e gradativamente, foi assumindo as decisões conscientes que cada escolha demandava para a sua vida. Isso significa assumir as rédeas, tomar o controle da própria existência.

No espaço de doze meses, Joaquim pagou suas dívidas negociadas em parcelas bem negociadas. Em médio prazo, inverteu o cenário e, no ano seguinte, passou de endividado a aprendiz de investidor. Tomou gosto pelo amplo universo das finanças, estudou e se especializou. Em longo prazo, 15 anos mais tarde, o Joca – como a família o chamava – conquistou a independência financeira e passou a ensinar tudo o que viveu. Agora professor de finanças, Joaquim encontrou aquilo que o fazia feliz: ajudar o semelhante a sair do mesmo atoleiro que havia acometido toda a sua vida.

Observe que Joaquim levou em conta as seis questões recomendadas e, você, desde que as observe e cumpra, também conseguirá. Vamos conferir a lição de casa do personagem, isto é, aquilo que conseguiu cumprir, aos poucos, 1% ao dia, até atingir os sonhos. Como tive a chance de conhecer o personagem Joaquim, vale compartilhar o que ele fez para virar o jogo, suplantar velhas crenças e encontrar a felicidade que procurava.

1) Joaquim percebeu que, de fato, tinha objetivos que cabiam em sua capacidade realizadora. Conversou com diversas pessoas em quem confiava, colheu *feedbacks* positivos que confirmaram os seus instintos empreendedores, conferindo que não estava devaneando;

2) Traçou estratégias para melhorar 1% ao dia, aprendendo e devorando os conteúdos nacionais e estrangeiros que encontrava sobre o tema finanças;

3) Preparou-se emocional e tecnicamente para assumir as rédeas de sua vida e fazer as pazes com as crenças da infância que não tinham mais sentido na fase adulta, sobretudo perdoando os pais, retirando da mente o pensamento de que tinham atrasado sua vida com aquelas informações e, no lugar disso, honrando as figuras mais importantes do seu sistema familiar;

4) Entendeu que os novos objetivos afetariam de forma positiva também a vida de sua família, de cada pessoa que Joaquim amava;

5)	Confirmou, na prática, os bons resultados no dia a dia e o esforço efetivamente investido para levá-lo a outro patamar;

6)	Teve a grata oportunidade de celebrar suas conquistas de natureza pessoal e profissional. Recebendo uma espécie de bônus vitorioso, merecidamente constatou que viveu uma realidade consciente de crescimento, em vez de se enganar, quem sabe até fazendo aquilo que tantos fazem, negando que carrega limitações e crenças impeditivas passíveis de um novo significado.

O personagem que Joaquim representa é inspirador e não é exceção. Muita gente tem encontrado resultados promissores a partir do enfrentamento de crenças, mas uma pergunta se impõe: além desse olhar atencioso, qual é o segredo, o grande diferencial de Joaquim e desses outros vencedores? Serão eles melhores do que eu ou você?

Não. Claro que não. Todas as pessoas têm as mesmas chances de encontrar a felicidade. O divisor de águas é a intensidade. Nossos avós tinham razão quando diziam que *ir com sede ao pote não é bom*. Em sua sabedoria instintiva para viver em tempos privados de tecnologia e recursos mais avançados, restava a eles uma estratégia, ir aos poucos, mas sem parar.

A diferença é que nossos avós não aferiam a assertividade das ações e agora podemos fazer isso, melhorando 1% ao dia, numa jornada de escolhas que não precisam estar necessariamente erradas ou certas, mas devem ser conscientes e consistentes.

Vamos em frente? Aquecemos no primeiro, refletimos no segundo e estamos prontos para avançar...

Bruno Adriano

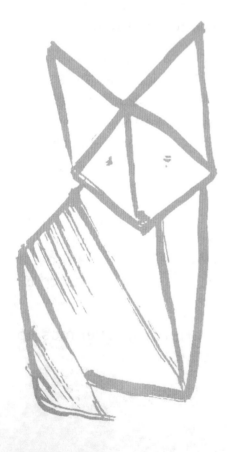

Capítulo 3

Como liderar e melhorar a performance 1% ao dia

Você deve ter percebido que eu falo com liberdade e propriedade a respeito das chances de melhorar 1% ao dia para viver, de maneira consciente, a jornada da felicidade. É que eu vivo a jornada, faz parte de minha vida...

Alçado ao cargo de confiança pela primeira vez em 2007 para liderar um time de imensa competência, uma das primeiras percepções que captei e levei para toda a vida foi a seguinte: quem lidera passa a ser responsável por cuidar de pessoas e isso nunca será negociável.

Não raro, liderados olham para quem está à frente como uma figura de autoridade e se inspiram na pessoa (ou ao menos assim deveria ser, pois sabemos que em alguns casos, quando o líder é desconectado do time, no lugar de vê-lo como autoridade, o liderado o vê como abusivo, ganancioso, egocêntrico, impiedoso e por aí vai).

> "Líderes serão melhores quando entenderem que são um meio para o objetivo e não os deuses do objetivo."

É uma confusão que se mostra comum nas empresas de pequeno, médio ou longo porte, e mais uma reflexão há de facilitar o que merecemos entender.

> "A responsabilidade da liderança é naturalmente enorme. Tem líder que tenta ser maior do que ela e nascem aí os primeiros problemas."

Se todos entendessem que não precisam ser maiores do que o próprio exercício da liderança, acabariam os ruídos de comunicação, os conflitos entre liderados e seus pares, entre liderados e seus líderes.

Ocorre que o poder tem o seu lado sedutor e, às vezes, o líder se vê mesmo maior do que as pessoas, a empresa, o mercado, o concorrente e, pasme, até maior do que a responsabilidade que carrega.

Como líderes, o que falamos ou pedimos para o liderado carrega um pouco do modelo de mundo que somos capazes de viver e contemplar, das crenças que trazemos e dos comportamentos que mantemos.

Logo, a qualidade do convívio e da comunicação que o líder se permite está diretamente ligada aos resultados que obterá da equipe, sob o ponto de vista da *performance* profissional e da saúde emocional de seus colaboradores.

Na prática, significa dizer que dentre os tantos papéis da liderança, destaca-se o zelo pela fluidez dos relacionamentos, numa lógica interessante: líderes dispostos a melhorar 1% ao dia estão sempre em processo de mudança positiva e, por consequência natural, tanto eles quanto o time que comandam atingem constantemente resultados promissores. Outra característica marcante dos líderes exitosos é a capacidade de tomar decisões conscientes, com serenidade e assertividade, mesmo diante da pressão que o mundo dos negócios impõe.

A pessoa liderada admira quem lidera com autoridade, consciência, respeito e senso de justiça. Outra vez com naturalidade, o liderado tende a fazer aquilo que chamamos em programação neurolinguística de modelagem, um exercício observacional que visa "copiar" alguns aspectos positivos do comportamento de alguém, de modo a abreviar resultados positivos. Em outras palavras, estamos falando de um atalho. Para evitar dezenas ou centenas de erros idênticos, observamos o líder que admiramos, replicamos os comportamentos dele e obtemos resultados promissores em menor tempo.

Imagine esta situação: Karina é assistente de gerência em uma instituição financeira. Sua líder, Paula, além de competente, carismática e influenciadora, tem a preocupação de melhorar a própria *performance* 1% ao dia. Juntas, líder e liderada irão longe, porque Karina há de modelar as conquistas de Paula.

Tal qual um efeito borboleta e sem que percebam, a líder Paula e a liderada Karina conduzirão outros colaboradores ao desejo de melhorar 1% ao dia, pois ninguém evolui sem que os outros ao redor percebam. Nesse sentido, a evolução é um holofote na escuridão.

No meu caso, foi nesse mesmo ano de 2007 que mergulhei fundo na área do desenvolvimento humano, percebendo a enormidade do papel que um líder tem na vida de cada um da equipe. Desejava multiplicar o sucesso anteriormente obtido com as metas e os recordes conquistados na área de vendas e me recordo do que pensei:

Eu gosto das pessoas, mas preciso entendê-las.

É um fundamento mais importante do que entender de negócios e gostaria até de compartilhar uma reflexão sobre isso.

> "Quem gosta e entende de gente pode aprender a fazer negócios. Mas quem entende de negócios e não gosta de gente, dificilmente aprende."

Foi assim que aconteceu comigo nesse desafiante ano de 2007, quando nascia a prática do 1% ao dia. Ao tornar-me líder, percebi que só a conquista de números e recordes não me aproximava da satisfação e da felicidade. Percebi que o meu desejo era ver a equipe conquistar feitos inéditos, superar metas, vencer obstáculos e conquistar os sonhos, aquilo que para cada um deles representasse a felicidade.

E qual seria a melhor maneira de ajudar as pessoas da equipe nessa jornada da felicidade? Dando um passo de cada vez, melhorando 1% ao dia, devagar e sempre.

A lógica me pareceu simples. Se eu fizer um pouco a cada dia e inspirar a equipe a que faça o mesmo, o resultado virá. Pode até parecer simples, mas eu não ouso dizer que foi fácil.

O desafio de um líder, aprendi desde aquele tempo, não se resume a receber uma meta e fazer a turma cumprir. Se isso bastasse, não teríamos tantos empresários reclamando que a sua empresa não atinge metas. Percebi que era preciso saber o que motiva cada integrante da equipe.

Entendi que a "felicidade" não pode ser generalizada. É fundamental saber o que ela simboliza de acordo com a interpretação de cada um(a), pois cada ser humano dá um significado para o que é ser feliz. Fui reforçar o estudo acadêmico da FGV e procurei contato com o trabalho de mestres como Dale Carnegie, Napoleon Hill e James Hunter.

Frequentei incontáveis palcos, conheci o trabalho dos formadores de opinião que atuam em vários nichos e, especialmente, explorei o autoconhecimento, buscando trazer à luz da consciência o máximo de recursos que antes, eu precisava descer até as profundezas da inconsciência para buscar, um exercício difícil e desnecessário. Considere um exemplo.

Diante de uma meta nova e desafiadora, a tendência é achar que não vai dar certo e isso acontece porque lá nos esconderijos do inconsciente estão os mecanismos de realização e os desejos de superação, típicos do instinto primitivo de sobrevivência. Em vez de buscar essa força tão longe, trazê-la para a porção consciente é bem mais fácil, rápido e prático.

> "Merecemos elevar ao nível de consciência as melhores soluções que, em geral, estão escondidas no porão da mente."

A melhor parte desse exercício que o líder deve fazer gera um benefício duplo. Primeiro, facilita a busca de melhorar 1% a cada dia. Segundo, acaba por inspirar a equipe e cada integrante passa a modelar os caminhos da liderança, que decide bem e rápido.

Investi dois anos, de 2008 a 2010, estudando e me aperfeiçoando nos estudos da mente humana, disposto a entender como funcionava a minha mente, como funciona o meu semelhante e o que fazer para ajudar o time de maneira mais eficaz.

Alguns líderes cartesianos e conservadores dirão "isso é desnecessário, o importante é trazer números".

É um direito pensar assim, ainda que estejam ignorando o fato de que estudar a mente facilita o autoconhecimento e o conhecimento do que é importante para o outro, principalmente porque a comunicação, elemento que garante resultados promissores, depende de dois elos da natureza humana: a) gostar de gente; b) entender de gente.

De minha parte, posso afirmar que a gestão de pessoas praticada com uma bagagem sobre a mente humana é a melhor estratégia para melhorar 1% ao dia e ajudar as pessoas para que façam o mesmo.

Desde o início, entendi que ouvir a opinião de cada um era o caminho mais promissor para desenvolver a *performance* individual. Seis meses à frente dessa equipe, desenvolvendo o hábito de conversar com o time todas as manhãs para discutir um artigo, trecho de livro, *case* ou vídeo, melhorando 1% ao dia, tínhamos um grupo de vendas estimulado, disposto e comprometido com os resultados.

Contava metáforas, traçava analogias, pedia a opinião e todos participavam, sentiam-se partes indissociáveis do elenco, via-se em cada pessoa um brilho no olhar, aquilo que a gente chama de fogo nos olhos.

Colecionamos resultados exitosos, batemos todas as metas exigidas, e a empresa passou a usar o *know-how* que acumulei em favor dos demais. A partir daí, passei a ministrar treinamento de vendas para aproximadamente dez times de vendas que tínhamos. O movimento de interesse foi gradual e as pessoas foram se inscrevendo voluntariamente, a partir das boas referências que escutavam dos participantes.

Alguns até chegaram a cogitar que eu estava treinando colaboradores dos outros times de vendas e, dessa maneira, gerando uma concorrência interna. Não tardou para que essas pessoas abrissem os olhos e percebessem que éramos uma só empresa com diversos braços comerciais e deveríamos, juntos, ser capazes de abraçar o nosso *share*[1] de mercado.

Fui crescendo, galgando cargos e degraus na carreira: líder, supervisor, gerente de área, gerente regional e superintendente na diretoria, cargo que me colocava diante de times novos (até ali trabalhava só com os times comerciais). E por que estou relatando isso? Há um aprendizado que desejo compartilhar.

---

1   Percentual que permite medir quanto a empresa domina em relação ao segmento.

O líder que, em vez de impor somente pressão e cobrança, se dispõe a investir 1% ao dia na educação empresarial e lapidar sua equipe durante o cotidiano, recebe dois benefícios.

1) Tem a equipe próxima de si, disposta a cumprir o que for necessário e dar o máximo de seu potencial em favor dos desafios;

2) Adquire uma noção corporativa mais ampla, enxergando de maneira macro.

Pouco mais de uma década depois, tinha no currículo mais de mil treinamentos, palestras e eventos corporativos diversos, um movimento que começou pelo desejo de melhorar 1% ao dia e continuou guiado pelo anseio de ajudar o meu semelhante a fazer o mesmo.

Na prática, fiz o que propus no título do capítulo. É a sua vez de interpretar a dica, liderar à luz da empatia, criar os mecanismos mentais de permissão, se conhecer e se jogar na jornada da felicidade, sem jamais esquecer: 1% ao dia; não às vezes, ou dia sim e dia não. A regra exige praticar 1% todos os dias.

Fechada a questão, proponho falarmos de recursos e, nesse caso, daquele que faz as nossas necessidades acontecerem. Vamos lá?

Capítulo 4

O dinheiro *versus* a jornada da felicidade

O título foi só para gerar uma boa provocação e expandir a mente. Vamos aos fatos.

Dinheiro não **rivaliza** com a felicidade.

É um recurso que está mais para **apoiador** dos caminhos que levam o ser humano a encontrar a felicidade. Isso é bem diferente de afirmar que o dinheiro traz felicidade.

Uma vez, ocupando a posição executiva e liderando times de vários setores comerciais e administrativos, vi uma carência grande sobre a habilidade de comunicação, mas presenciei também muita resistência da parte de quem trazia dentro de si as próprias verdades, crenças e conceitos.

Como um tipo de ressaca da revolução industrial, ainda me deparava com líderes e colaboradores de ações retas, cartesianas, indispostos à lida com o desenvolvimento humano, reticentes a entender a inteligência emocional e focados em meta, meta, meta, números, números, números; como se a essência humana não existisse e fôssemos robôs cumpridores de tarefas preestabelecidas.

Cheguei a presenciar gente que carregava crenças pré-históricas e dizia com todas as letras o que pensava.

— *Se a gente treinar demais, o cara vai embora trabalhar no concorrente.*

A jornada da felicidade

— *É tanto treinamento que daqui a pouco, ela vai pedir aumento, alegando que está em outro patamar.*

— *O que interessa e coloca dinheiro no bolso é meta batida. Treinamento é perda de tempo.*

— *Cheguei até aqui e conquistei tudo do meu jeito. Vou sair gastando agora com treinamento só porque alguns acham que é bom?*

— *Treinamento tira o foco, a gente precisa mesmo é de vendas e números.*

Não poderia ser diferente. Fui empático e respeitoso com essas pessoas. Entendi que não faziam por má intenção. Atuavam conforme aprenderam. Aliás, Brasil afora encontraremos muita gente em todas as classes sociais que ainda pensa assim, que vê como desperdício temas caros para a evolução: autoconhecimento, motivação e desenvolvimento pessoal. São pessoas que focam no dinheiro de maneira tão obsessiva que o afastam porque não enxergam o que está ao redor, os detalhes, os anseios da razão e da emoção.

Isso não quer dizer que o dinheiro tenha pouca importância. Vivemos em uma sociedade capitalista e o dinheiro é a mola propulsora das realizações. Contudo, procurá-lo de forma cega só faz afastá-lo.

É preciso olhar em volta, definir estratégias para obtê-lo de maneira reta, justa, gradativa e, para isso, melhorar 1% ao dia é a solução que funciona como contrassenso (a maioria tenta "ganhar" o máximo de dinheiro ao menor tempo possível).

Eu amo ganhar dinheiro. Mas antes de qualquer venda, é necessário lembrar que existe um ser humano do lado de lá que deposita a confiança em quem está fornecendo um produto ou um serviço. É outro "clique" da jornada da felicidade pela estratégia gradativa de evoluir 1% ao dia.

Você deve ter notado que eu não largo, não dissocio a jornada da felicidade do estilo de vida 1% ao dia. Arrisco afirmar que é um "conflito" positivo, um bom problema porque, na minha visão, ambos estão terminantemente próximos, ligados, conectados, complementares e carentes um do outro.

No corporativo, quando insisti que os funcionários deveriam ser treinados e convidados ao desenvolvimento pessoal, surgiram opiniões conflitantes, tal qual expus há pouco. Em contraponto, tive amigos próximos que tentaram me fazer mudar de ideia.

— Bruno, será que não é melhor você jogar o jogo corporativo e deixar quieto esse lance de treinar as pessoas? Sabe como é empresário...

Lembro-me de ter assumido o posicionamento firme de manter as pessoas em constante treinamento. Embora a resposta variasse a depender de como a pergunta era formulada, frequentemente era parecida com esta:

— Tá, eu me disponho a jogar o jogo que o mundo dos negócios exige, mas precisamos lembrar que nenhuma máquina gera resultados e lucros. A pessoa que traz os números não pode ser vista como um número.

Entendeu por que o empresário não pode, nem deve, focar no dinheiro, se esquecendo de quem colabora para a saúde da empresa e a geração dos lucros?

Ofereço uma reflexão para contribuir com o tema e, se me permite a ousadia, sugiro que compartilhe com aquela pessoa que ainda não consegue enxergar assim.

> "Se a empresa só pensa em lucro, o ser humano não será mais do que um número a fomentá-lo. Logo, o mundo será melhor quando ele for visto como gerador de números, sem jamais ser reduzido a um mero número."

A relação entre a geração de receitas empresariais e a geração de bem-estar dos profissionais comprometidos, reforçando o que defendi no terceiro capítulo, depende da visão macro por parte da liderança.

Vejamos a relação entre o passado e o presente, para entender isso melhor.

Antigamente, o melhor profissional à frente de equipes era aquele que conseguia "pingar sangue", que exigia horas extraordinárias sem fim, carregando a fama de "linha-dura", que representava uma figura que impunha medo.

Os séculos XX e XXI aos poucos afastaram esses *players* do jogo corporativo porque as empresas definiram missão, visão e valores mais amplos e nobres, atentas ao que apontavam as tendências mundiais das relações humanas, que tinham uma rota unânime – valorizar, respeitar os anseios do ser humano e contribuir com a sua evolução.

Das grandes corporações europeias, norte-americanas e asiáticas ao Brasil, o mercado foi se preparando e internalizando boas práticas comuns no exterior. Evidentemente, não podemos ser ingênuos a ponto de supor que da noite para o dia os empresários passarão a adotar boas práticas de treinamento e educação empresarial. Na cabeça de empresários e líderes um pouco mais resistentes à mudança, é natural que a busca pelo dinheiro seja antagônica em relação à evolução dos profissionais.

Isso significa que, nos quatro cantos do país, ainda existe gestor disposto a agir como se estivesse atuando no século XIX.

Treinando e educando pessoas, tivemos a chance de constatar um aumento significativo na produtividade. Até mesmo aqueles que um dia demonstraram qualquer incredulidade se renderam aos bons resultados das equipes submetidas aos programas de treinamento.

Esta é a boa notícia em relação ao futuro. A educação empresarial, a exemplo do que realizei e demonstrei, é a chance que o país tem para virar o jogo corporativo e convidar os gestores que ainda não enxergaram o universo dos treinamentos como a rota mais assertiva, especialmente em tempos difíceis.

Imagine uma equipe emocionalmente afetada e sem contato com a educação empresarial. Enquanto isso, surge uma calamidade pública, uma emergência sanitária que muda os rumos do mundo dos negócios. Isso mesmo, estou me referindo à pandemia da Covid-19, que tirou vidas de tantos semelhantes em cada continente.

Além de todos os problemas que o empresário enfrenta para manter a empresa e os colaboradores durante esse cenário tão nefasto sob os pontos de vista da saúde e da economia, como estariam os negócios, se tivesse deixado de treinar e educar o seu capital humano? Mais do que isso, a pergunta é mais desafiadora:

Qual empresa terá mais chances de sobreviver e manter a sua operação competitiva, a que treinou os seus times ou a que preferiu não investir nessa demanda tão relevante, alegando tempos difíceis/pouca grana/crise?

No fundo, sabemos a resposta, por mais dolorosa que seja: gente destreinada, mesmo que dobre o expediente, rende pouco, trabalha infeliz e só enxerga a única compensação pelos seus esforços, o rendimento no mensal.

Em paralelo, gente treinada sente-se valorizada, produz o dobro ou mais em metade do tempo estabelecido, carrega o semblante sereno, vai e volta para casa feliz. O ponto de semelhança é que ambas trabalham aguardando uma boa e justa remuneração e o que separa as suas perspectivas é o que está por trás do dinheiro: o propósito de estar ali, dando o melhor de si dia após dia.

Do fim de 2016 ao início de 2017, cada vez mais aprofundado nos estudos da mente e do desenvolvimento humano como um todo, entendi que os meus caminhos se direcionavam para alcançar mais e mais pessoas, com o cuidado de não me deixar seduzir pelo cargo que ocupava, pois se carregasse crenças limitantes, certamente poderia pensar que as pessoas só escutavam minhas lições por conta do cargo executivo que ocupava. Diferentemente disso, levei o conteúdo 1% ao dia a públicos novos e os *feedbacks* positivos continuavam a chegar, vindos de gente que não precisava "fingir que gostou". Ou seja, estava no caminho certo, melhorando a cada dia como formador de opinião e vivendo uma relação de congruência com a jornada da felicidade, pois, se eu indico, é natural e desejável que a vivenciem em profundidade.

Testei ensaios nas redes sociais, criei processos de orientação e ajudei diversas pessoas. Estava vivendo a minha jornada pelo instituto que criei, longe do berço e do amparo celetista, disposto a viver uma aventura empreendedora de nobre propósito.

Não estou recomendando que você se despeça hoje do trabalho e monte uma empresa. Não se trata disso. Abro o coração e compartilho a jornada da felicidade para provar que ofereço a você algo testado e aprovado em minha vida.

Abri mão da previsibilidade, da segurança, do cargo de confiança, do alto salário e respectivos prêmios, dos benefícios e da posição ocupada. Agora, tinha em mãos um projeto de vida e devagar, 1% ao dia, me sentia pronto para assumir as rédeas de meu destino, para me tornar alguém capaz de contribuir com o mercado da informação. Só depois de todas essas respostas e certezas definidas, constatei o recurso do capítulo, o dinheiro, que surgiu de maneira natural.

Quer dizer que uma transição pode ser feita de qualquer jeito? De jeito algum, e vamos tratar disso já no próximo capítulo. Voltando ao tema deste, deixo uma pergunta.

Percebe por que mencionei que, em vez de antagonismo, existe harmonia entre o dinheiro e a jornada da felicidade?

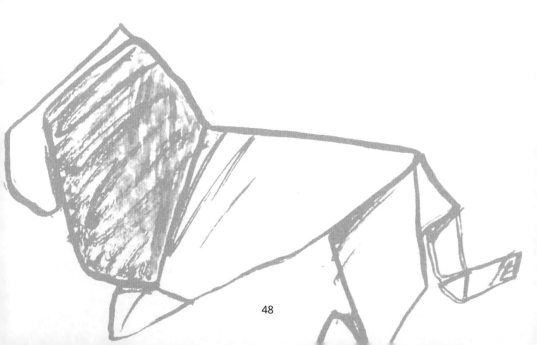

Capítulo 5

O que considerar diante da transição de carreira

Feliz pela nova vida, de maneira harmônica deixei a empresa que me confiou um cargo executivo e, ainda mais pleno fiquei quando soube que foi acatada a grande maioria das sugestões de melhoria que deixei.

Para coroar e fechar a transição com chave de ouro, o ex-empregador passou a ser cliente do Evolarse Instituto de Inteligência Emocional, empresa que estruturei ao lado de um amigo, José Carlos Júnior, cuja jornada da felicidade se assemelhava àquela pela qual me dedico a melhorar 1% ao dia: ajudar, inovar e fazer o bem ao maior número de pessoas. Ambos alinhados a esse conceito gradativo de investir 1% ao dia na jornada da felicidade, nos esforçamos para evoluir, realizar sonhos e objetivos, aperfeiçoando o instituto um pouquinho a mais, todos os dias.

Indisposto a jogar o jogo corporativo de uma maneira que não me trazia felicidade, expus a carreira ao risco da gestão empresarial. Desde essa época de 2019 em que "queimei os barcos", nunca vi, senti ou expressei uma nota de reclamação ou arrependimento. Tinha a decisão tomada e o elemento mais importante, o apoio da família.

E sim, escutei muita gente criticando minha escolha tão bem planejada.

— *É uma loucura o que você está fazendo.*

— *Onde já se viu trocar o certo pelo duvidoso?*

— *Saiba que está arriscando a carreira e o futuro.*

Foi uma decisão consciente, baseada e assumida com um acordo mental entre o sentimento – aquilo que me fazia feliz – e a razão – aquilo que logica e estrategicamente se revelava a melhor escolha sob os três formatos de análise: curto, médio ou longo prazo.

Esta é uma orientação que sinto ser indispensável: para ser feliz com uma melhora gradativa e indolor ao módico preço emocional de 1% ao dia, por dois motivos não podemos dar ouvidos só aos ímpetos da vontade temporária ou aos sentimentos pontuais. O primeiro motivo é que a impetuosidade não é sábia conselheira. Adotar escolhas que mudarão a vida para sempre é um exercício que deve ser frutificado por decisões conscientes, amadurecidas e compartilhadas com aqueles que serão afetados, os entes queridos da família. O segundo é que os sentimentos pontuais estão mascarados e contaminados pelas circunstâncias, pela dor que eventualmente estamos vivendo.

A decisão consciente que tomei foi produtiva e positiva para todos. Até mesmo para a empresa que me confiava o cargo executivo, pois várias escolhas futuras de meus antigos empregadores tiveram por base as orientações que eu deixara, algo relativamente comum porque implantar ideias, processos e projetos demanda tempo para que os *players* envolvidos compreendam a viabilidade e assumam o risco.

Aqui, esconde-se uma lição crucial a quem pretende fazer uma transição de carreira: sair no auge é saudável e estratégico para todos, naquela fase em que está dando o máximo de si. Em contraponto, é temerário manter-se em uma empresa que não gera mais felicidade e, cedo ou tarde, a performance há de cair.

Eu decidi pela transição e só encontrei resultados positivos. Não vivenciei o desprazer de ouvir "não tem dado certo, precisamos desligar você". Abri o coração para a empresa, expliquei o que desejava fazer e vivenciei a satisfação de ter o antigo empregador na relação de clientes do nosso instituto, prestando para ele aquilo que é um propósito para nós. Observe bem, e faço questão de repetir com outras palavras para ficar mais clarificado: fazendo o cliente feliz para ser feliz.

Preste bastante atenção nisso: prestar aos outros um trabalho que traga felicidade a você não é um bocado diferente de prestar aos outros um trabalho que traga apenas dinheiro ao fim do mês?

Mais uma vez, deixo claro que não estou convidando o leitor a fazer escolhas românticas, a ser feliz e esquecer o dinheiro, a jogar tudo para o alto e mandar um "dane-se tudo" para o mundo.

O convite é outro: fazer escolhas conscientes e planejadas, que tragam felicidade e, por consequência, a natural e merecida remuneração.

Dediquei 18 anos de minha vida a essa empresa. Até brinco que saí para viver as aventuras empreendedoras após ter conquistado "a maioridade". Perceba, portanto, que não foi uma decisão impetuosa ao estilo "da noite para o dia". Assim, considero respondidas as eventuais dúvidas que podem estar na órbita mental do leitor: não há certo ou errado, melhor ou pior momento para uma transição de carreira saudável.

O que existe é uma necessidade de investir em consciência, em vez de decidir por "necessidades", e posso exemplificar as duas que são as piores conselheiras: ganhar mais dinheiro e evitar a possível insatisfação que sente no atual trabalho.

A jornada da felicidade

Ao decidir por uma transição, é crucial encarar a nova empreitada com a seriedade que a oportunidade "autopermitida" requer e no lugar da crença "agora virei patrão", do mesmo jeito que se dedicava como empregado será necessário dedicar-se como empresário.

Precisamos abrir mão da crença "se um dia eu virar patrão, vou dar ordens e ficar de boa". É preciso melhorar 1% ao dia tal qual fazia e, para isso, arregaçar as mangas não é opcional.

Se usar as estratégias certas, poderá sim trabalhar de forma assertiva para produzir mais, com qualidade e em menor tempo. Para tal, recomendo a gestão do tempo.

O hábito de listar e organizar os compromissos do cotidiano revela-se garantidor dos bons resultados. De início, trabalhei sozinho e sem ajuda, mas não tardou para que percebesse a importância de procurar e contratar pessoas de outros setores que pudessem ajudar tanto nas questões operacionais, quanto nas burocráticas.

Eis a orientação. Juntos somos mais fortes.

Precisa descobrir qual é o melhor caminho para estabelecer as diretrizes tributárias de seu negócio? Restam duas opções – a) investir semanas ou meses de dedicação para pesquisar e aprender o tema; b) contratar os honorários de um contador ou advogado da área que, em 60 minutos, poderá traçar toda a rota que a legislação permite e exige.

Cabe refletir que uma vez em processo de transição, a pessoa e ninguém mais protagonizou a mudança de vida. Como diziam os antigos, "para o bem e para o mal" os resultados que obterá cabem a ela, que foi quem se permitiu mudar e ousar. Essas decisões que clarificam o que é despesa e o que é investimento dependerão do mesmo *feeling* que antigamente se usava quando era empregado de alguém.

Sabe aquelas sacadas que reduziam custos, aumentavam o *share* e os lucros ou melhoravam a saúde e a longevidade da empresa?

Decerto, a pessoa conseguiu fazer alguma coisa parecida ao longo da carreira e agora, na fase de transição, terá que continuar ouvindo o *feeling* para transformar intuição em escolhas conscientes e tornar o seu negócio longevo, distante daquela terrível estatística de empresas que fecham suas portas um ou dois anos após a inauguração.

Não resta dúvida de que os problemas e as crises virão. Vivemos, trabalhamos e jogamos o jogo corporativo em um país que carrega crises de tempos em tempos; sejam políticas, sociais, tributárias, previdenciárias e até sanitárias, como os anos de 2019, 2020 e 2021 presenciaram.

No meio do processo de amadurecimento que a empresa precisava desenvolver, o Brasil e o mundo precisaram lutar contra o inimigo invisível, o novo coronavírus. Mesmo enlutados por tantos semelhantes que partiram, nós, empresários, tivemos que levantar a cabeça e continuar a luta dia após dia.

A história jamais se esquecerá do esforço empresarial investido para manter os empregos e até mesmo a empresa diante de uma economia fragilizada, das perdas, dos altos e baixos do mercado financeiro, das *commodities* que também sentiram o baque do colapso pela instabilidade das exportações e do consumo interno.

Em meio ao caos na saúde pública e na economia, tinha dois filhos de 8 e 4 anos exigindo atenção e cuidados, uma empresa a administrar e amadurecer, uma carreira recém- -submetida à fase de transição. Recebi total apoio da esposa, que acreditou e fez até mesmo uma pausa na própria carreira, antes mesmo de a caçula nascer, para dedicar-se à família enquanto a nossa empresa amadurecia. Mesmo assim, consciente das escolhas assumidas, seria inverdade dizer que, em tempos tão difíceis, uma porção de medo não tenha se instaurado, tema sobre o qual preciso deixar uma reflexão.

Em qualquer tempo, seja no ano de 2020 ou em 2150, o ser humano sentirá medo ao deixar um trabalho embasado pela previsibilidade e ingressar numa jornada solo da qual dependerá somente de si. Some-se esse medo a algum cenário desfavorável como a pandemia, por exemplo, e pronto: o que era medo se transforma em pânico.

Sentir medo sob a ótica empresarial é normal, compreensível e até desejável, porque sem a sensação, o empresário é piloto *kamikaze* que se atira no mercado sem calcular escolhas e consequências, sem plano de negócios, sem norte para conduzir o negócio. Logo, ter e sentir medo é positivo desde que a porção seja o bastante para manter os sentidos em estado de alerta, para fazer com que emoção e razão trabalhem em favor dos resultados que deseja.

O medo só passa a ser perigoso quando recebe o papel de protagonista, quando trava e deixa a pessoa atônita sem saber o que fazer, pensar, decidir e agir.

Participando do setor em que me especializei, desenvolvi palestras e treinamentos corporativos que amplificavam a experiência conquistada em tanto tempo que dediquei ao mundo dos negócios, ao setor executivo de vendas. Eu sabia que o conteúdo dessa educação empresarial tinha força e envergadura para mudar de forma positiva a vida dos participantes e da empresa contratante. Este é um dos segredos para lidar com o medo durante a transição de carreira: ter em mãos produtos e serviços desenhados à luz da excelência, agregadores, definidos e amadurecidos.

Como mencionei, o período pandêmico foi dizimador. Vidas foram precocemente perdidas, empresas renomadas fecharam suas portas e governos decretaram regras para conter a emergência sanitária. Uma dessas regras foi a interrupção dos eventos no país, com a compreensível intenção de evitar aglomerações, já que os eventos no Brasil reúnem centenas ou milhares de participantes. Então, imagine; a nossa empresa a todo vapor, os clientes satisfeitos, o instituto alcançando uma taxa de recontratação superior a 70% e... subitamente, não tínhamos mais eventos presenciais.

O que fazer? Desistir de tudo? Transformar 100% da operação antes presencial em uma operação *on-line*? Regressar ao ponto de partida e voltar ao jogo corporativo conforme as regras que não me fariam mais feliz? Ou partir para uma segunda transição?

É nesse ponto, caros leitores, que deve residir a resiliência empresarial, a necessidade de empreender novas soluções. Numa metáfora, equivale a desconstruir e redistribuir as cartas que temos em mãos para um sólido e personalizado jogo corporativo, em vez de um frágil castelo de cartas.

Foi aí que, no segundo semestre de 2020, o setor de franquias voltou a surgir em minha vida, pois em 2018 e 2019 fui o *head* do projeto de tornar a empresa, da qual era executivo, franqueadora e iniciar seu ingresso no universo do *Franchising*. Uma nova oportunidade executiva, uma reconstrução, uma chance de atravessar o turbulento período da pandemia.

Testado pela vida, fui convidado a lidar com o conceito antifrágil[2], testar novas habilidades, competências e, sobretudo,

---

2   O antifrágil é capaz de inverter o caos, ressurgir diante de adversidades, um conceito apresentado pelo autor Nassim Nicholas Taleb.

lidar com uma transição dentro da transição anterior, como se a minha vida fosse encaixada numa *matrioshka*[3].

Aí vai mais um pensamento que desejo fazer para inspirar as transformações que a vida e a carreira fizerem ou impuserem a você: preparar-se para dar o melhor de si e moldar-se diante dos desafios.

Não é uma realidade mais interessante do que passar a vida inteira infeliz, dedicando-se a uma carreira que não quer mais, que não dá mais a satisfação e a sensação de que está contribuindo, um pouquinho que seja, para mudar o mundo?

Por último, resumindo e respondendo ao que propus no início do capítulo, o que podemos considerar diante de uma primeira transição de carreira que se faça necessária ou desejável são a força de vontade, a conciliação das decisões com o seio familiar, o planejamento, a coragem e o empenho para cumprir cada etapa da mudança livre de "coitadismo", com o olhar atento ao radar da felicidade, que deve guiar a rota da transição.

O segredo maior é não ir com tudo, como se o mundo fosse acabar amanhã, mas ir aos poucos, mudando e transformando as lentes com as quais enxerga o mundo e a própria vida, para ser e fazer 1% melhor ao dia.

Pois bem. Exemplos e argumentos compartilhados, estamos próximos para avançar e, por enquanto, como o tema exige muita atenção, vou insistir na transição e abordá-la por outra ótica. Amanhã ou depois, talvez você me agradeça por tirar todas as roupas possíveis do processo de transição. Afinal, transição bem realizada significa felicidade.

---

3   Boneca russa criada no século XIX, cuja arte precisa consiste em encaixar a boneca maior sobre a boneca menor. Pela perspectiva romântica, a boneca maior é a mãe, e a menor, a semente.

Bruno Adriano

Capítulo 6

Como viver e vencer numa transição de carreira

Bruno Adriano

Se insisto em mostrar que podemos mudar, não é pelo simples desejo de que conheça a minha história de vida e carreira, mas para que perceba em sua vida e carreira que as mudanças ou transformações surgirão, pedindo ou até implorando uma decisão que pode mudar os traços de sua história.

No capítulo anterior, mostrei aquilo que para muitos é impossível, os passos emocionais e comportamentais para viver uma transição de carreira e ser feliz na nova ocupação. Porém, tal qual o *spoiler* que deixei antes de iniciar este capítulo, não fiz apenas uma, mas sim duas transições.

Decidi abrir um complemento, relacionando vícios comportamentais e decisões, para mostrar que, muitas vezes, corpo e mente podem ser assaltados por escolhas, crenças e outras questões. Espero que a abordagem inspire o seu desejo de virada na carreira.

Veja como a vida pode ser caprichosa nos detalhes que culminarão em grandes decisões. Foi no ano de 2004, à época atuando como vendedor porta a porta, que conheci um grande executivo, Aristides Newton, homem inspirador por seu firme posicionamento de vida e de negócios, que merece ser honrado e citado na obra. Não por acaso, um dos fundadores da maior empresa de locação de veículos do país, a quem vendi um sistema de alarme residencial. A partir dessa relação, conheci o seu filho Lucien Newton.

Compartilhamos diversas perspectivas sobre o mercado e seguimos nossos caminhos.

Anos depois, precisamente em 2011, Aristides se afastava da administração da empresa, enquanto Lucien fazia a gestão das franquias e a internacionalização da marca consagrada pelo pai, época em que passou a ensinar e supervisionar o processo de franquia para o setor privado, atendendo a empresas que desejavam franquear a marca.

Quis a vida que eu reencontrasse Lucien Newton no ambiente acadêmico. Ambos cursávamos o MBA em gestão comercial no ano de 2011, na Fundação Getulio Vargas.

Voltando um pouquinho ao passado, ainda nos tempos de superintendente daquela empresa que comentei, em 2018 precisávamos contratar uma boa organização do setor de *franchising* para nos orientar em todo o processo para franquear a nossa marca e, claro, conhecendo a visão de negócio e o *know-how* dos Newton, escolhi a contratação da empresa sob gestão de Lucien.

O processo foi um sucesso e tive a felicidade, antes do primeiro processo de transição, de participar ativamente, como *head* do projeto, da transformação da empresa em uma franqueadora. Já naqueles dias, apaixonei-me pelos detalhes do segmento de franquias e, embora tivesse em 2019 estruturado o instituto de palestras e treinamentos, a semente mercadológica germinava em silêncio dentro de mim.

A visão sistêmica nunca se engana, as escolhas que adotamos geram novos ciclos.

Toda vez que a empresa que eu franqueei como executivo abria uma nova turma de franqueados, os mesmos eram também treinados no nosso Evolarse Instituto de Inteligência Emocional, para treinamento.

Em outubro de 2020, em meio à pandemia, a loja de franquias sob a gestão do *player* Lucien Newton era reconhecida como um indiscutível *case* de sucesso até mesmo pelos analistas mais conservadores do mercado.

O êxito foi tão expressivo que a própria loja de franquias especializada em franquear marcas tornou-se uma franqueadora.

O gestor não poderia, nem deveria, estar em todos os lugares e, por isso, novos braços empreendedores da marca foram cogitados e considerados bem-vindos.

Dinâmico, nesse período Lucien foi viver um novo desafio empreendedor no segmento supermercadista, e precisou de alguém para assumir a sua exitosa operação de franquias, um *head*, um diretor de operações e *franchising*.

Veja como a vida dá boas e sistêmicas voltas. Adivinhe qual nome passou pela cabeça do *player*, quando se viu diante da necessidade de contratar esse profissional?

Sim, isso mesmo. Fui convidado a assumir a diretoria de operações e o que fiz? Recusei? Decidi ficar quieto no meu canto? Optei por colocar um fim à operação de palestras e treinamentos do Evolarse? Dei um fim ao empreendimento que, embora jovem, já dava mostras de êxito?

Não para todas as alternativas. Eis o que fiz e que convido você a fazer, diante de situações parecidas: eu disse sim a tudo.

Aceitei a sociedade e o cargo de diretor, pratiquei a gestão do tempo e não abri mão de minha empresa do setor empresarial-educacional.

Pausei e espacei os eventos, encontrando dois benefícios – a) viver a ousadia executiva, melhorando 1% ao dia, em um projeto recém-estartado no setor que eu curto; b) criar uma alternativa profissionalmente prazerosa para atravessar com êxito o período de pandemia, já que um dos efeitos, como relatei, foi a não realização de eventos no Brasil, o fechamento dos auditórios.

O imenso desafio de transformar a empresa consolidada há dez anos em uma franqueadora trouxe para mim o gás, o fôlego e a ânsia que sentem os homens e as mulheres de negócios nessas circunstâncias, ao mesmo tempo em que continuava a tocar um sonho paralelo.

Você pode notar, leitor(a), que a vida está sempre gerando ciclos positivos e prósperos. Se melhorarmos 1% ao dia, teremos chances de enxergá-los e vivenciá-los da melhor maneira. Em contrapartida, se a pessoa fica naquela tentativa de mudar 100% da água para o vinho, se esforçando para ser melhor profissional da noite para o dia, terá que investir tanta energia e colocar um olhar tão atencioso para essa mudança, que será impossível enxergar os ciclos, os benefícios, os obstáculos e o sucesso.

A essência da jornada da felicidade é o vício positivo, pois quem se dispõe a melhorar aos pouquinhos todos os dias vai se tornando "dependente da melhora", e vive com uma indissociável pergunta no coração e na mente.

O que eu posso fazer para melhorar 1% hoje?

Imagine: se as substâncias, sentimentos, crenças limitantes e impulsionadoras se tornam viciantes (e a história da vida em sociedade está aí para provar tal verdade), você acha mesmo que o hábito de melhorar aos pouquinhos não se torna positivamente viciante?

É uma questão de corpo e mente que envolve ações e resultados. Confira.

Substâncias – o uso de drogas começa como recreativo. O usuário costuma alegar que tem o controle, que sabe o que está fazendo, e vai se enganando o quanto pode, usando cada vez mais. Tempos depois, o vício se instala, tomando conta da mente e do corpo, exigindo tratamento medicamentoso e terapêutico para a desintoxicação e a retomada da saúde psíquica;

Sentimentos – a amargura que guardamos no coração começa, muitas vezes, por um desacerto com alguém, uma briga com um familiar e sem solução, vai deixando a pessoa viciada em amargura. Quer uma prova disso? Você conhece alguém que passa a maior parte do dia "rabugento", caçando motivo para brigar com alguém no trabalho? Se essa pessoa agisse assim uma vez ou outra, beleza. Mas, se carrega a amargura a todo canto, provavelmente viciou (se melhorar 1% ao dia, poderá ver-se livre desse vício que só traz resultados indesejáveis);

Crenças limitantes – vejamos o caso de Ernesto. Cinquentão e solteirão convicto, Ernesto é um cara que responde para a sua família, quando perguntado se pretende casar algum dia: "Para eu confiar totalmente em alguém, leva anos". Quantas oportunidades Ernesto terá perdido na vida, sob os formatos de carreira, vida amorosa, empreendedorismo, amigos e até lazer? Carregando uma crença desse tamanho ao longo da vida, não demora nada e ele estará viciado nela;

Crenças impulsionadoras – acredito que todo ser humano é capaz de melhorar 1% ao dia na *performance* profissional e pessoal. Com o tempo, essas pequenas mudanças fazem a pessoa tomar gosto por três razões: ela sente que melhorou, celebra resultados melhores em termos de salário e satisfação, e recebe *feedback* positivo daqueles que estão próximos e notam sua evolução. Diante de tamanho

A jornada da felicidade

positivismo, a pessoa vai viciando na mudança gradativa e positiva. A única diferença é que, neste caso, estamos falando de um vício benéfico.

As palavras escolhidas podem até mudar de um filósofo para outro, mas ao longo dos séculos criou-se um consenso entre os formadores de opinião: ninguém evolui só. Uma vez que aceitamos melhorar só 1% ao dia, filhos, esposas, maridos, irmãos e amigos sentem, reconhecem a mudança e decidem também investir nas transformações que trazem benefício para si e para a família.

Quando realizamos nossos treinamentos de imersão no Instituto Evolarse ou ministramos mentoria para líderes, ajudamos a transmitir a jornada da felicidade, mostramos para o aluno que a vida é generosa quanto à geração de oportunidades, desde que estejamos prontos e dispostos, tal qual aconteceu comigo: duas transições de carreira que se conectaram para que eu pudesse viver a própria jornada da felicidade, e não a que pudesse ser imposta pelo mercado, pelas tendências ou por crises.

Eis o convite que faço na etapa final desse trecho: permita-se aceitar as propostas e os desafios que a vida direciona para a sua carreira e melhore 1% ao dia, passo a passo, para que em pouco tempo possa estar 100% melhor, aproveitando ao máximo cada reviravolta da vida, extraindo a melhor *performance* mesmo em tempos adversos.

Resumindo, quando e se for o seu desejo mudar de segmento, recomeçar, construir uma nova carreira, prepare-se, planeje, reúna a família, divida o que sente, desabafe. Por preparar e planejar, entenda que está incluído o que podemos chamar de *pacote da transição*: comprometimento emocional e racional, estudo acadêmico, estudo complementar, reserva financeira, estudo setorial do novo segmento, mapeamento das oportunidades de carreira, desenvolvimento de novas relações de negócio (*network*), ação, acompanhamento de cada passo traçado nessa nova jornada da felicidade e celebração da conquista.

Agora sim estou confiante de que dividi com você todo o caminho que tracei para as duas transições que fiz. Estamos prontos para a abordagem que concilia adaptação e inspiração, duas características que se encaixam na autoliderança e na arte de liderar com êxito.

Capítulo 7

Como adaptar-se para viver em tempos
de crise e inspirar a nova geração

Durante a pandemia e a guerra contra a Covid-19, teste-munhamos muitos que lutaram de várias formas. Na linha de frente, profissionais da saúde investiram esforços incansáveis e heroicos para salvar vidas. No setor de negócios, concorrentes se uniram para exigir providências dos governantes municipais, estaduais e federais. Nações abastadas se uniram e se organizaram para providenciar e enviar vacinas aos países que não poderiam comprar. Um horizonte se descortinava, a chamada luz no fim do túnel.

Por outro lado, alguns ficaram com o emocional destroçado, abrindo mão da luta, jogando a toalha, afirmando que tudo parecia perdido. E não foram poucos os que antes da pandemia pensavam ser impossível transformar o que faziam ao vivo em feitos digitais, mas que mudaram de ideia em nome da adaptação.

Auditores, advogados, treinadores comportamentais, médicos, professores, psicólogos, lojistas e mais uma série de profissionais se adaptaram, fazendo aquilo que a humanidade aprendeu desde o início da civilização, sobreviver, adaptar-se, evoluir.

Que a Covid-19 foi drástica e ceifou vidas demais, não resta dúvidas. Que perdemos amigos e familiares, tampouco. Que várias empresas faliram, ninguém discorda. Mas se engana quem pensa que uma crise sanitária dessas proporções passa como uma avalanche sem deixar ensinamentos adaptativos, sem nos ensinar um novo formato de convívio.

Veja o meu caso. Adaptei a mentoria que venho prestando para líderes, empresários e *players* do mercado, transformando encontros que antes eram presenciais em reuniões *on-line*. Fiz um grande esforço para que a transição (olhe ela aí outra vez) do produto mentoria ao "vivo-presencial" para o produto ao *"vivo-on-line"* não trouxesse prejuízos ao aprendizado de cada mentorando e deu certo. Nada foi perdido, pelo contrário, penso que até aumentou o engajamento das turmas.

> "Desenhar novos formatos para apresentar e executar um produto é imprescindível. Desistir alegando ser impossível levá-lo para o *on-line* é duvidável."

Claro que alguns mercados não migram mesmo, mas boa parte aceita uma adaptação, no mínimo, parcial. Não podemos hesitar ou ficar em cima do muro porque precisamos lembrar que estamos inspirando os jovens de amanhã.

As crianças de hoje são os filhos dos *players* que enfrentaram a Covid. É uma juventude que será obrigada a amadurecer ciente de que perdeu alguns familiares. Logo, merece ao menos carregar boas memórias sobre a firmeza e a postura dos pais, dos adultos de seu ambiente.

Cabe lembrar que o empreendedorismo normalmente é objeto da dedicação de adolescentes e adultos, mas podemos despertar na criança, como líderes que somos, uma espécie de apetite empreendedor, para que ela cresça ciente de que existem opções diferentes daquelas que a massa adota.

Aliás, nunca foi tão importante formar novos empreendedores, instigar e ensinar meninos e meninas rumo aos formatos que o mundo dos negócios oferece.

Você verá diversas crianças que crescem dizendo "o que sonham ser quando crescerem"; modelo, piloto de avião, policial, médico, bombeiro, atriz e outras. Dificilmente você verá alguma criança dizendo que o seu sonho é ser empreendedor, ou que o seu sonho é ser um grande líder.

Por que não despertamos o interesse da criança nesse sentido?

Será que dizer "não temos essa cultura no Brasil" basta como resposta?

Veja a minha situação a respeito disso. Nasci em Belo Horizonte e, um mês depois, meus pais se estabeleceram no Rio de Janeiro, atendendo a uma transferência de meu pai, engenheiro químico na Vale do Rio Doce.

Filho do terceiro casamento de meu pai, quando eu nasci ele era bem jovenzão, 62 anos. Pode-se dizer que a gestação e o parto não foram fáceis ou simples para minha mãe, que engravidou de mim aos 42 anos.

Uma vez aposentado, meu pai se tornou consultor da área química. Ou seja, tive um exemplo empreendedor em casa, fazendo o bom e velho exercício observacional, modelando e reconhecendo esse exemplo que seria crucial no futuro, quando começasse a dar os passos estratégicos da carreira.

Fácil não foi. Obviamente tínhamos uma boa condição. Frequentei colégio particular e levávamos uma vida tranquila, até a lei da adaptação bater à nossa porta. Quando as regras da aposentadoria mudaram, a inflação mostrou sua face mais perversa e as economias de meu pai escoaram pelos ralos tributário e inflacionário.

Nossa realidade financeira mudou. Da escola particular, migrei para a pública. Na época, eu era um garoto de óculos, acima do peso, que gostava de *games* e carregava na bagagem emocional um baita complexo de inferioridade, que foi potencializado pelo *bullying* praticado por garotos mais populares e atletas impiedosos.

Não. Antes que você imagine o gordinho chorando pelos cantos, deixe-me desconstruir essa sua visão. Sentia-me introspectivo e complexado, mas tinha um exemplo empreendedor a seguir e "foquei nas minhas paradas", como dizíamos naquele tempo. Se por um lado sofria *bullying*, por outro era um carinha comunicativo e dentro da minha zona de conforto, me virava bem. Mas reitero: fácil não foi.

Aos dez anos, montei uma lojinha na garagem de casa, que consistia em uma mesinha para vender coisas minhas ganhas em tempos de vacas gordas, uma espécie de brechó; bonés de marca, camisetas, games antigos, brinquedos caros.

Com o dinheiro arrecadado, comprava os *games* que me relaxavam e me faziam esquecer do *bullying*, empreendendo para investir em entretenimento e terapia. Mas vou dizer a melhor parte, o que eu sentia, pois é aí que está a inspiração para os nossos filhos.

O meu maior interesse era o desafio. Sempre fui muito competitivo (até comigo, no sentido de me desafiar). Eu queria me testar, ter a certeza de que seria capaz de colocar um produto à venda e conseguir vendê-lo. O pequeno negócio foi um sucesso e minha mãe adorou, porque retirei um monte de tralhas do quarto. A molecada da rua adorou e todos nós tivemos algum tipo de lucro. De minha parte, começava a me familiarizar com os negócios.

Adiante, me conhecendo melhor, já na fase adulta percebi que desde cedo eu curtia "me colocar em enrascadas" e atrair um problema ou uma causa improvável só para me testar, mostrar para mim que resolveria, que conseguiria vender, empreender, solucionar, desafiar e vencer o que tivesse em mente. No fundo, hoje percebo que era um estratagema, um passatempo para mascarar a maneira que me sentia com o *bullying*, porque enquanto a cabeça se ocupava com algum projeto, não pensava na exclusão.

Da lojinha de garagem, parti para a venda de chup-chup ou sacolé, aquele suco em saquinho artesanal que leva um nome em cada capital brasileira. Em seguida, assumi a venda dos filhotes de cachorros de raça que minha irmã criava. Depois vendi livros, que era uma cultura daquele tempo.

Não é que eu amasse vender, que fosse prodígio ou um garoto empreendedor. Na ocasião, as vendas representavam só um meio para encontrar a minha felicidade com os recursos que extraía desse trabalho. Praticando 1% de melhora na *performance* (de forma inconsciente, sem saber que fazia isso) fui tomando gosto por *business*, me preparando para construir a carreira que tive a felicidade de construir.

A princípio, comecei a empreender pequenos negócios para comprar *games*, conforme comentei. Com o tempo, os interesses eram outros. Uma grana para levar uma garota ao cinema, roupas novas, tênis legal e todas as necessidades de um adolescente. As vendas, nesse sentido, eram um meio para me remunerar.

Poxa, então todos esses projetos amadores foram as mil maravilhas? Não, claro que não. Como diz a rapaziada mais jovem, também deu ruim. Quando tentei a massa do sorvete tipo cascão ou casquinha, o negócio foi um fiasco.

O mais importante que desejo transmitir a você é a gratidão e a inspiração que devemos sentir em relação a quem nos trouxe até onde estamos.

Para você ter uma ideia da diferença e da visão de mundo, quando eu estava com dez anos, meu pai já celebrava 73 anos de vida e muita, muita bagagem empreendedora a ensinar, muitos valores nobres a transmitir. Uma enciclopédia de *business* ao alcance de meus olhos e sentidos.

Nunca me queixei do choque de realidade a que fomos submetidos. Apanhei dos colegas de escola, enfrentei o *bullying* e tudo isso criou uma couraça, uma casca grossa de resiliência que faria total diferença em minha carreira.

Antes da mudança para a escola pública, eu era um garoto mimado, respondão, cheio de manias. Mudar para uma escola de periferia e ser exposto foram acontecimentos extremamente importantes para a minha caminhada.

Estou dizendo que *bullying* faz bem ou recomendando que o *bullying* seja praticado? Evidente que não. Mas afirmo que ajudou a moldar o homem, o pai, o esposo, o líder que hoje tenho o orgulho de ser.

Aos 15 anos, aceitei o primeiro trabalho como autônomo, para vender cursos de pré-vestibular. A casca criada que citei foi crucial para os primeiros relacionamentos com o cliente e fui bem no setor. Mas vieram a fase rebelde, a bebida, as baladas, a irresponsabilidade.

Deixava de ser um *nerd*, não usava mais óculos e começava a ser notado pelas garotas. Fiquei com a fama de pegador e, admito, isso atrapalhou o desenvolvimento acadêmico. Aqui, outra lição para os nossos filhos se faz valer.

Retomei a vida saudável e não sucumbi diante das tentações, das drogas e da vida noturna por uma razão: tive boa base educacional, além de um modelo vivo e próximo de empreendedor como inspiração, o meu pai.

Dos cursinhos, fui acabar de amadurecer na adolescência em uma conhecida loja de departamento. Era o único jovem da enorme loja de departamento com facilidade para conversar com o público mais experiente. Afinal, meus pais e tios também não eram nada jovens e desenvolvi familiaridade na comunicação com essa galera.

Ao mesmo tempo, os líderes ficavam impressionados com a maneira que eu transitava entre os clientes com faixas etárias distantes, pois eu também me comunicava bem com a galera da minha idade e com as crianças. Como resultado, alavanquei posições e promoções com rapidez, usando empatia e flexibilidade para entender e atender públicos diferentes. Não sabia ainda o que era PNL[4], mas intuitivamente aprendi como desenvolver *rapport*[5].

Todas essas atividades geraram excelentes noções de vida e de vendas, de liderança, comunicação, intuição e tomada de decisão.

Os clientes gostavam de mim na loja de departamento porque eu me interessava pelas suas necessidades, em vez de parecer um carinha interessante, como muitos profissionais em início de carreira tentam fazer.

Antes que você se pergunte "o que eu tenho a ver com isso", veja só: ao ensinar noções de empreendedorismo aos mais jovens, lembre-se de evidenciar que é válido desenvolver o desejo de procurar e atrair desafios, de procurar "enrosco", "encrenca" para trabalhar e resolver, pois é isso que faz a gente amadurecer.

Quando chegar o tempo de crise, o empreendedor que você ajudou a formar estará pronto para sobreviver, adaptar-se, evoluir, lucrar e inspirar outra geração.

---

4   Programação Neurolinguística.
5   Expressão francesa equivalente à "sintonia na comunicação".

Capítulo 8
Os limites da inserção digital

Quer saber um grande segredo da vida e das vendas?

O complexo de inferioridade e a criança introvertida que fui deram lugar a uma pessoa que gostava de se inteirar da vida do semelhante, que perguntava de maneira aberta e sincera os detalhes da vida do outro, escutando tudo com atenção e carinho.

Pronto. Ao se interessar (de verdade e não para fazer tipo) pelo cliente, a venda em si se transforma em só mais um detalhe da relação que está com *rapport* em alta. Seja essa relação breve, como é o caso dos vendedores que atendem na vitrine, ou longa, tal qual os vendedores e representantes que atuam com o mesmo comprador por anos a fio, o que faz a diferença é o nível de interesse genuíno pelas demandas do outro, tomando conhecimento do que ele gosta e escutando de coração aberto o que ele estiver disposto a compartilhar.

Poxa, Bruno, então devo ser abelhudo e ficar me metendo na vida do cliente?

Não. Nem de longe se trata disso. Refiro-me à capacidade de abrir um diálogo natural, o mesmo *rapport* que expliquei na nota do capítulo anterior, deixando a comunicação fluir e se dispondo a ajudar, muitas vezes só por ouvir quem está desejando falar (não foram poucas as ocasiões em que os clientes abriram o coração comigo). Sabe por que isso acontece?

Em vários casos, é mais fácil contar o que vai em nosso coração para uma pessoa não próxima do que dividir com o marido, a esposa, o irmão. Mais ainda se o estranho em questão não conhece a nossa realidade, não julga, não dá palpites desnecessários e, em vez disso, simplesmente se dispõe a ouvir.

> "Aprenda a relacionar-se com o ser humano e, só depois disso, aprenda a administrar um negócio."

Depois que deixei a loja de departamentos, por necessidade trabalhei como caixa em uma lanchonete e acontecia exatamente isso. O dono ficava de queixo caído ao ver a movimentação aumentando por conta do caixa, com quem os clientes adoravam ficar conversando e desabafando.

É um método ou mérito exclusivo que desenvolvi? Só eu dou conta de fazê-lo? Não, mil vezes não. A comunicação é um poderoso recurso que nasce conosco e cabe a nós aperfeiçoá-la. Afinal, todo profissional que se interessa se torna interessante para o cliente, e passa a ser capaz de reproduzir esse nível de relacionamento e *rapport*.

Da parte de quem fornece produtos e serviços, também é importante liderar-se, ouvir-se, entender o que fazer e como agir ou reagir diante dos problemas, do dia a dia e da situação que orbita o nosso negócio. Precisamos lembrar que a área profissional é determinante para a jornada da felicidade e, diante de qualquer escassez, criar alternativas é uma estratégia de sobrevivência.

É aí que entra em cena a eventual necessidade de tornar digital o que ainda é analógico. O meu perfil é executor. Quando começou a pandemia e as oportunidades se escassearam, comecei a abrir várias frentes para as possibilidades de negócio. Restaria a opção de esperar e analisar o que aconteceria. Ou a escolha de agir. Criei dois grupos de mentoria, um voltado para a área comercial e outro para a autoliderança, liderança de pessoas e gestão.

Foi uma excelente experiência atender os clientes por tecnologia. Claro, bem diferente do calor nas relações que a proximidade gera, mas ainda assim uma experiência mais válida do que ficar distante dos clientes e das pessoas que necessitaram de ajuda nesse período tão drástico da história mundial.

Como já compartilhei o que foi ruim durante a pandemia, quero agora honrar aqueles que fizeram a diferença, que se redescobriram, que transformaram um negócio tímido em uma empresa com faturamento de vários dígitos, que entraram mais fundo na rede social e que romperam paradigmas.

Nos quesitos adaptação e visão de negócio, em diversos segmentos do mercado avançamos em poucos meses o que levaríamos 10, 15, 20 anos para evoluir normalmente. Mas identifico um problema que merece um alerta: o excesso, o abuso.

Mesmo ciente de que a venda e a inserção digital representam uma realidade sem volta, depois dessas mentorias, sobretudo avaliando a movimentação do mercado e de alguns pares nossos, pisei no freio, porque identifiquei em outras pessoas esse excesso, e temi que também eu, em dado momento, pudesse ser invasivo e intransigente com os *prospects*.

Você provavelmente já deve ter se irritado ao receber *e-mail* da mesma pessoa oferecendo um curso *on-line*, invadindo sua caixa de *e-mail* ou o seu aplicativo de comunicação, jurando que tem a solução definitiva para você enriquecer, motivar-se, fazer sucesso, fazer uma renda extra etc.

Investigando rapidamente, talvez tenha percebido que determinada pessoa oferece um curso para você enriquecer, mas ela mesma não é rica.

Se de um lado constatei a infoxicação[6] circulando pelo setor T&D[7], de outro resolvi promover o acolhimento, trazendo gratuitamente para a mentoria do nosso instituto diversas pessoas em dificuldades, gente que tinha perdido o emprego, que enfrentava problemas no relacionamento pessoal ou na empresa, por exemplo.

A você que gera conteúdo e invade a privacidade das pessoas, aí vai um alerta de amigo. Sua reputação pode estar em risco!

Eu sei que você tem uma boa intenção por trás da ação, seja levar a sua solução ao maior número possível de corações ou vender o máximo possível (vender bem e gerar lucro não são atos condenáveis, fazem parte do jogo, são bem-vindos). Entretanto, o cliente costuma julgar e condenar fornecedores que insistem demais. Veja duas analogias:

1) Você está no meio de uma reunião importante. Seu telefone toca e, pensando se tratar de alguma emergência, atende e descobre que é sua operadora de telefonia, ligando para oferecer uma expansão no pacote dos serviços contratados. Você ficará satisfeito ou decepcionado com a operadora?

2) Você trabalhou a semana inteira, sente-se exausto e decide dormir até mais tarde no sábado. O seu sono é interrompido pelo interfone. À sua porta, o representante de uma entidade beneficente pedindo doação para uma renomada instituição de caridade. Você ficará satisfeito ou decepcionado com a instituição?

---

6 Neologismo entre as palavras informação e intoxicação, que explica o consumo exagerado de conteúdo advindo de variadas fontes.

7 Treinamento & Desenvolvimento.

No universo digital não é diferente. A você que recebe conteúdo demais, não julgue, nem generalize. Não pense que o conteúdo é ruim só porque o idealizador insistiu demais na divulgação. Ele talvez nem tenha consciência de que está sendo inoportuno. Tampouco generalize, supondo que todo conteúdo digital é fruto de uma insistência sem limites.

E tem mais, a situação não para por aí. Usar a tecnologia e a inserção digital por falta de opção ou por ter considerado uma boa análise de otimização do negócio é assertivo, até porque o próprio cenário pode exigir a situação, como foi o caso da pandemia, em que não foi possível estar próximo do cliente e a Internet foi o único elo de proximidade.

A partir do momento em que a normalidade voltar a reinar, lembre-se de não ficar **condicionado**, amarrado ao que era antes. Durante o tempo em que não se pode aglomerar ou estar diante do cliente, ofertas digitais são bem-vindas. No instante em que se torna possível vê-lo e estar diante dele, lembre-se de que não há computador que substitua o olho no olho, não há *live* que supere a chance de argumentar ao vivo.

Num primeiro instante em que as videoconferências se tornaram a única opção de interagir com o cliente, achei o recurso bacana. Um semestre depois, sentia-me incomodado, pois sou do tipo que procura o calor humano.

Foi quando decidi dar um passo atrás, mantendo consultorias empresariais para repassar as boas práticas corporativas, mas evitando novas mentorias pessoais *on-line*. Logo, perceba que, na seara digital, não é vergonha nenhuma voltar atrás, corrigir uma rota, deixar de fazer algo que incomoda.

Fui percebendo que, por mais que nos esforcemos, para o aluno sempre há uma distração; um cachorro late ao fundo, um filho chora, o telefone toca, o marido solicita algo para a aluna, a esposa precisa de ajuda.

Nos salões de treinamento, essas distrações não existem e isso aumenta a qualidade do *rapport*, para benefício do próprio aluno.

Se você vai participar de treinamentos e palestras *on-line*, tenha o cuidado de combinar com a família para não ser incomodado(a).

Desligue o celular, feche a porta do cômodo que escolheu e permita-se vivenciar o evento, gerencie-se para estar de corpo e alma, respeitando dois ativos importantes, o seu tempo e o tempo de quem facilita o evento.

Se você vai ministrar treinamentos e palestras *on-line*, adote a cautela de divulgar em horários nobres, respeitando a privacidade do cliente. Se o seu conteúdo for envolvente e desejável, não será necessário enviar o mesmo convite cinquenta vezes por semana pelas redes sociais, por *e-mail* e telefone.

No meu caso, foquei em aprender a aprender, e descobri que não é bem a minha praia. Impedido de ministrar treinamentos comportamentais ao vivo e lidar com pessoas frente a frente, fui até o ambiente digital, experimentei infoprodutos e pude constatar que não é um território que desejo adotar em minha maior parte das abordagens.

O problema não é a câmera. Pelo contrário, no corporativo gravei conteúdos em vídeo de treinamento acima de 130 vídeos que são utilizados até hoje. O lance é que sou um cara muito cinestésico e talvez precise ainda lidar com algumas crenças (admitindo que posso e estou melhorando 1% ao dia nesse sentido, para alcançar mais semelhantes por meio dos vídeos). Por enquanto, para a minha realidade, pensando em hoje, no cenário em que escrevo para você, sou um cara que aprecia o olho no olho, que gosta de contar metáforas e calibrar (aferir) a absorção e aprovação da audiência, que gosta de lecionar diante do calor humano. Foi útil gravar conteúdo digital para manter-me próximo do público que me acompanha? Sim. Por esse motivo, a inserção digital precisa ser uma eterna aliada de minha carreira? Não. E tudo bem com isso!

Precisamos entender que o fato de o sujeito não apreciar a condução de suas atividades via digital não o transforma em dinossauro ou retrógrado. Outra coisa o transforma nisso: não querer, nunca, ter contato com o digital.

Entendida essa questão, estamos prontos para falar de rota.

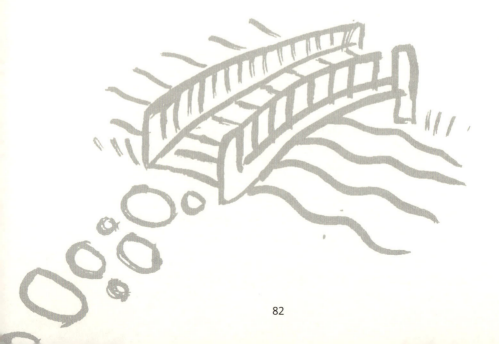

Capítulo 9

O GPS da vida realizadora

Bruno Adriano

Os principais serviços de *streaming* reúnem muita gente conectada à procura de conteúdo. Estima-se, na realidade do ano 2021, que só no YouTube foram assistidos diariamente mais de um bilhão de horas de vídeos todos os dias[8].

Pesquisas apontam que, aos sete anos, as crianças de hoje acessam sem dificuldade determinadas informações que antigamente só os indivíduos de 18 anos acessavam. Estamos diante de números que desconstroem tudo o que foi vivido nos séculos anteriores.

Nada mais natural que tamanha oferta e demanda por informações acabem por gerar maior ansiedade (lembre-se de que tratamos a infoxicação no oitavo capítulo). Alie-se a essa ansiedade uma crise sanitária como a Covid-19 e a gravidade aumenta, as pessoas ficam cada vez mais ansiosas e temerosas, inseguras diante de um futuro incerto.

Por efeito, dá-se o aumento de pacientes que procuram psicólogos e psiquiatras para lidar com a crise de ansiedade, a depressão, o estresse não gerenciado, os problemas de relacionamento, as dificuldades de lidar com a pressão corporativa, o *burnout*[9] e tantos outros males.

Para mudar essa realidade, sugiro que se inspire na jornada da felicidade, particularmente no trecho que chamo de *GPS*

---

8   Fonte – área de imprensa YouTube aberta ao público.
9   Síndrome de *burnout* é um transtorno psíquico que guarda relação com o trabalho, derivada do esgotamento.

da vida realizadora, isto é, o caminho que deve ser usado para navegar pela rota da existência, definindo a rota completa, que inclui a localização da partida, a rota, os obstáculos e a tão desejável chegada ao lugar desejado. Pense comigo:

Quando preparamos a rota no aplicativo de navegação que nos levará de carro ao destino, a primeira ação é escolher o endereço, o destino. Somando-se essa informação que inserimos no navegador à localização que o satélite capta de onde estamos, o programa registra as duas informações cruciais: ponto de partida e ponto de chegada.

Na analogia, a sua localização é o *status quo*[10] das emoções, indica como são hoje as suas crenças que, por sua vez, motivam os seus comportamentos. Não é tão simples quanto muitos pensam, com aquela conversa de "basta saber o estado atual e o estado desejado". É bem mais profundo do que isso, requer investigar como andam hoje a sua disposição, resiliência, motivação e determinação. Exige saber e identificar as pequenas conquistas diárias, com base no pensamento "é o que tem pra hoje". Sabe o que isso quer dizer?

Sem desculpas. Sem aquele papo de "quando eu estiver mais preparado, vou abraçar essa parada". Digamos que, em seu *status quo*, você só tenha 35% de recursos emocionais para realizar o seu sonho e os outros 65% necessitem ser buscados em autoconhecimento, leitura, treinamento comportamental, terapia, meditação e outros recursos afins. Tudo bem, faça!

Numa trajetória focada em 1% ao dia, vá adquirindo o conhecimento necessário, sem pretextos. Digamos que em seu *status quo* você só tenha 12% dos recursos financeiros necessários para alcançar o seu sonho/meta/objetivo ou

---

10   Estado atual em que se encontra algo. Por exemplo, a empresa vendeu 1 milhão hoje. Pode-se dizer na reunião "o nosso *status quo* de vendas é 1 milhão".

como prefira chamar. Enquanto garimpa os demais 88% por meio de empréstimos bem planejados, geração de renda extraordinária e outras estratégias, o passo de hoje precisa ser dado sem a clássica argumentação "não adianta fazer nada agora porque ainda não tenho dinheiro o suficiente".

Estabelecer os estados de recursos emocionais necessários representa a chance de alcançar o passo determinante do GPS da vida realizadora, que consiste em caminhar, navegar, trafegar. Ou seja, a movimentação. Em uma analogia, equivale a curtir o caminho em vez de ficar reclamando de buracos na rodovia ou do trânsito, a apreciar as paisagens, aproveitar a companhia de quem está no carro, se divertir, ouvir boa música, contar piadas. Levando para a linguagem corporativa, significa agir como deve e cumprir cada passo planejado em busca da ascensão que almeja, navegando pelo roteiro das metas bem cumpridas, da certeza de que tem feito o melhor, ou que fará melhor a partir de hoje.

A sua história deriva de outras histórias que vieram antes e trouxeram você até onde se firma o *status quo* considerado pelo GPS da vida realizadora. Daí surge a necessidade de olhar para o todo em relação ao tempo, de maneira sistêmica, honrando seu passado, a sua família, a sua ancestralidade, respeitando e se permitindo ser quem você é, procurando melhorar e evoluir 1% ao dia para continuar um "você melhor", em vez de pegar para si a realidade de outra pessoa ou, ainda pior, da sociedade, adotando comportamentos que ocorrem em massa como se fossem "o ideal para você".

O artista, o treinador, o professor e o palestrante têm algo positivo para transmitir a você no palco. O importante é que leve desses profissionais a mensagem central, lembrando que você tem essência única e deve aplicar o que aprendeu do seu jeito.

> "Nos eventos que você admira, contemple quem está no palco e não deixe de procurar detalhes nos bastidores, porque boa parte de sua admiração está escondida ali."

As redes sociais facilitam muita comparação. Quem vive dessas comparações acaba se frustrando ao comparar o próprio *status quo* ao de outras pessoas que vivem realidades e padrões de vida totalmente distintos.

Atente-se ao fato de que ser 1% melhor em relação ao dia de ontem não necessariamente representa um avanço. Às vezes, prescinde um passo para trás, requer que se percam coisas, que se abra mão disto ou daquilo para um bem maior, a evolução.

Tenha "pra quês" repletos de significados capazes de responder aos seus questionamentos íntimos e emocionais.

Para chegar ao desejado destino, seja ele a carreira pela qual batalhou ou a empresa que idealizou, o GPS da vida realizadora calcula e, se precisar, recalcula, mudando as rotas para fazer a melhor, mais segura e rápida condução. A vida também...

> "A depender do lugar a que se destina, navegar em linha reta e percorrer caminhos fáceis podem ser uma realidade do GPS, mas certamente não correspondem à vida real, repleta de rotas sinuosas, esburacadas e perigosas."

Isso quer dizer que devemos correr para debaixo das cobertas, assustados? Não, mas decerto significa que devemos estar emocionalmente prontos para as tempestades.

Nunca imaginei que no primeiro ano após deixar o cargo de executivo profissional, precisamente dois meses depois, encararia uma pandemia. No entanto, se me visse fazendo o que alguns disseram, "uma escolha muito doida", eu não teria agido, reagido e me adaptado. Isso é correção de rota.

Sabe aquele momento em que o cara deixa de confiar no GPS e acaba fazendo uma perguntinha no posto de gasolina para confirmar que está na rota certa?

Eu não tive tal vontade. Confiei no GPS da vida realizadora, já que tinha um forte "pra quê": ser conduzido à minha jornada da felicidade.

Certa vez, escutei de um amigo:

— Pô, Bruno, não bastasse a transição que você encarou, ainda vem a pandemia logo de cara? É de foder, né?

Respondi com total franqueza.

— Pelo contrário. A pandemia surgiu no meu primeiro ano de enfrentamento da transição e isso me deu forças para traçar novas rotas no GPS da vida realizadora, adquirir novos aprendizados, corrigir o planejamento e as ações.

Até hoje, não sei se ele entendeu assim tão bem o que eu quis dizer. Diante dos argumentos que servem para a minha vida e a sua, por excesso de zelo ofereço um resumo das alternativas que a vida realizadora coloca para os navegadores. Confira a "tradução" de cada um:

Antes de navegar

Você pode acreditar em destino e se preparar para seguir as possíveis placas (talvez elas não estejam lá e você se perca), ou pode traçar o seu destino no GPS da vida realizadora e depender só de si. Traduzindo, pode seguir o que todos fazem e chegar ao mesmo destino da maioria, ou traçar um caminho personificado, escolhido para e por você, cujo destino está sob o seu total gerenciamento.

Durante a navegação

Só porque o trânsito parou de repente, você pode buzinar o mais alto que conseguir e se estressar a um ponto de quase enfartar, ou pode: a) no caso de ter estudado o mapa, escapar por uma rota livre de trânsito; b) no caso de ter bobeado sobre o mapa, aproveitar o tempo para informar-se, entreter-se, atualizar-se e aculturar-se por meio de várias opções: notícias do Brasil e do mundo, boa música, *audiobooks*, palestras, cursos em áudio e meditação.

No fim da navegação

O destino foi alcançado. Você pode simplesmente chegar, abrir a porta e desembarcar para ver o que conseguiu, ou pode celebrar cada passo investido na jornada recém-vencida. Traduzindo, tem gente que passa a vida inteira travando intensas batalhas para vencer a jornada que estipulou e, quando chega ao destino, acaba se frustrando. Exemplos não faltam. Vejamos três deles: a) artistas que chegam ao topo e acabam deprimidos, se jogando no universo das drogas; b) milionários que atingem o ápice dos negócios e quebram da noite para o dia; c) jogadores profissionais que demoram para perceber que chegaram ao fim da jornada e, em vez de se celebrar e se aposentarem, insistem tentando manter a mesma *performance* dos tempos áureos, fazendo com que o próprio setor ou a torcida se encarregue de aposentá-lo. Nos exemplos citados, o artista que vence passa de um *status* sonhado ao sonho realizado, ao *glamour*, à fama e abundância. Se ele celebrar a sua chegada e valorizar cada passo, terá a vida preenchida pelo sentimento de inteireza, satisfação e reconhecimento. O milionário que levou seu projeto empresarial/empreendedor às alturas, celebrando e valorizando a si e o time de colaboradores, saberá como gerir o novo patamar de atuação. E, por fim, o atleta de alta *performance* que sabe celebrar o auge com a sua torcida terá condições racionais e emocionais para viver a nova fase de sua vida, os novos projetos e convites que receberá, como autoridade em seu esporte (vide tantos casos de atletas que se transformaram em comentaristas renomados, técnicos, consultores, palestrantes, agentes e empresários).

Então, quando chegar ao seu destino, ao seu sonho realizado, não veja o momento como "só mais um dia", mas sim como "um dos melhores momentos de sua existência". Valorize a chegada, divida a felicidade com os seus, celebre com o seu time de colaboradores e agradeça aos que estenderam a mão em momentos difíceis. Uma reflexão, para finalizarmos:

> "Num país repleto de pessoas
> que sonham e não realizam,
> viver a realidade do sonho
> alcançado é um privilégio a ser
> reconhecido e celebrado."

Agora sim, você sabe como ajustar o GPS da vida realizadora para traçar o seu destino, navegar bem e "chegar chegando". Vamos lá, pois chegou o momento de falarmos sobre outro tema para quem pretende liderar e empreender com êxito, a reputação.

Capítulo 10

A estabilidade da reputação

Você conhece alguém que deixou de render, mas trabalha usando o nome áureo de outros tempos? Deixe-me explicar.

Há dois tipos de profissionais, os que rendem de forma estável e mantêm um gráfico de performance praticamente em linha reta ao longo do ano. E aqueles que rendem em pico, com excelente performance em janeiro e péssima em fevereiro, oscilando de bimestre em bimestre.

Com o tempo, o gráfico desse segundo grupo vai ficando mais e mais comprometido, até chegar ao momento em que trabalha pela fama do nome, com performances irreconhecíveis diante de sua capacidade. Se existe alguém assim em sua empresa ou seu time, repare que os líderes e os pares costumam usar frases recorrentes para mencionar a pessoa.

— *Está na lista negra, é o primeiro da lista quando a diretoria solicitar demissões. Era um cara fantástico, mas hoje não rende quase nada.*

— *Um dia foi o maior ganhador de campanhas da empresa. Hoje não chega nem perto da meta.*

— *Foi o melhor que tivemos. Hoje só cumpre tabela.*

Tem gente que, ao longo da carreira, vai seguindo assim, aos trancos e barrancos. Quando é líder, então, as falas dos liderados são ainda mais graves.

— *Quando entrou na empresa, era o melhor líder que tinha passado por aqui.*

— *Dizem que o dele está na reta e só não foi demitido ainda por conta do que já representou para a empresa.*

— *Ninguém da equipe dele o aprova, é um carrasco. Só está onde está porque conhece o processo e puxa o saco dos sócios.*

Conversando com minha irmã enquanto a obra nascia, falávamos que o processo de aprendizado é diferente para algumas pessoas. Isso significa que, em vários casos, esses profissionais que estão em franca queda no gráfico de sua *performance* e na manutenção de sua carreira não necessariamente deixam de procurar aprendizado. Também sobre isso as pessoas tecem comentários.

— *Pra que fazer tantas especializações acadêmicas, se não aprende nada?*

— *Não sei por que participa de palestra e treinamento o tempo todo se, ao chegar na empresa, trata os colegas como se fossem inimigos, atende o cliente como se fizesse um favor.*

— *O cara vai para o exterior, estuda com Tony Robbins e volta pra cá xingando toda a equipe. Que perda de tempo!*

A prática do autoconhecimento para saber o que exatamente faz sentido para a pessoa é o único caminho para virar esse jogo, mas não é o bastante. Conhecendo-se, tudo fica mais fácil e compreensível. Adiante, ou se possível ao mesmo tempo, é necessário conhecer os semelhantes, saber o que vai no coração do outro, conhecer e praticar a empatia, aprender a respeitar os valores e as crenças dos outros. Uma reflexão pode sintetizar meus argumentos.

"Conhecer novas práticas abrevia o caminho da felicidade. Mas colocá-las em prática é a única chance de garantir o caminho."

Veja o que acontece com o *coach*, por exemplo. Ao explicar, podemos definir que o *coach* é uma espécie de professor, alguém que desejavelmente deve dominar uma área, um segmento do mercado. Assim, esse profissional reúne a experiência que adquiriu no setor de atuação em que foi protagonista com as técnicas do *Coaching*. Outra vez explicando, *Coaching* é a matéria, a base de estudo do *coach*, composta por conteúdo técnico, experimentações, investigações de natureza íntima, planos de ação e execução. Nessa pegada, temos ainda o *coachee*, que é o aluno do *coach*. Assim explicado, vejamos um paradoxo: muito *coach* diz que entrou no segmento da informação com o desejo de ajudar o ser humano a ser melhor, a evoluir e ser feliz.

Dentre esses, boa parte ainda não encontrou o próprio caminho da felicidade e fica tentando superar suas imperfeições, em vez de assumi-las, já que nós, seres humanos, não somos e nunca seremos perfeitos.

> "A imperfeição do ser humano
> é uma de suas principais armas,
> pois se ele sentisse que é perfeito,
> não teria motivos para procurar
> evolução diária, nem buscaria
> desafios que despertassem a sua
> máxima capacidade."

Somos feitos de luz e sombra, defeitos e qualidades. Sejamos *coaches* ou *coachees*, líderes ou colaboradores, professores ou alunos, precisamos ter a certeza de que podemos e devemos procurar a própria jornada da felicidade, desde que um conceito esteja bem claro: a perfeição não está ao nosso alcance. Porém, a evolução diária não apenas está ao alcance de nossos desejos, mãos e ações, como pode e deve ser perseguida.

Entende por que o conceito de melhorar 1% ao dia é o melhor caminho, inclusive para quem ensina?

É a nossa oportunidade para trabalhar conquistando o respeito dos pares e dos líderes, em vez de contar só com a reputação e adotar a má *performance*, gerando aquelas várias frases que exemplifiquei.

Abracemos as nossas imperfeições e sombras. Assim, teremos a oportunidade de desestruturar as velhas crenças que impedem a realização dos sonhos. De quebra, ainda entenderemos os motivos que nos levaram a alcançar o que está abaixo de nossa instintiva expectativa, porque pode ter uma certeza: nosso instinto não mente, e se uma positiva voz dentro de você fica cochichando que pode ir mais longe e alcançar mais, escute-a.

A posição sistêmica em relação ao objeto de desejo gera um meio do caminho que facilita as coisas acontecerem.

Antes de sair por aí assinando empréstimos para dotar-se dos recursos financeiros que possibilitarão a viagem ou o objeto dos seus sonhos, dote-se de restabelecimento emocional para impedir que faltem passos essenciais, como determinação, foco, conhecimento, desejo, motivação, autoestima elevada e, por último, recursos tecnológicos e financeiros.

Percebe a inversão da lógica que estou propondo? Muita gente que pretende construir o legado de uma carreira ou estruturar uma empresa acaba focando no dinheiro como primeiro recurso, o que é um terrível engano. Por exemplo:

Getúlio é gerente de vendas. Cursar um MBA com o desejo de elevar mais um grau na carreira e tornar-se diretor é oportuno? Sim. O dinheiro é o foco para o MBA? Não. Primeiro, Getúlio deve ter a certeza de que está bem, de que tem sido um bom líder, de que os resultados atingidos satisfazem a empresa, os colaboradores e ele próprio. Depois, precisa investigar como andam suas emoções para ter a certeza de que está pronto, que se sente motivado para o novo curso, que terá determinação para cumprir as exigências do estudo, resiliência para abrir mão de outros compromissos e encaixar o MBA na agenda.

Por último, a convicção de que vai se submeter ao curso com a seguinte ordem de prioridades: aprender mais soluções novas e, se possível, ser promovido. Se a ordem prioritária for contrária, ser promovido e, se possível, aprender coisas novas, Getúlio irá na contramão da jornada da felicidade.

Digamos que Getúlio não se preocupe com essas necessidades e foque somente no capital necessário para o curso. Um pequeno empréstimo consignado a juros baixos resolverá com facilidade o seu problema, já que Getúlio não pretende mexer em suas aplicações de longo prazo.

Com isso, quero dizer que a prioridade no aprendizado é uma prerrogativa íntima porque vai aumentar o autoconhecimento. Aí sim, por efeito e consequência natural, ele poderá ser reconhecido e promovido, já que as empresas valorizam os que se dispõem a melhorar 1% ao dia.

Em contrapartida, talvez Getúlio se decepcione terrivelmente com a empresa, se fizer o curso supondo que o MBA será o *green card* para o cargo de diretoria. Afinal de contas, empresários consideram a continuidade dos estudos, mas outros fatores são avaliados para a ascensão de cargos executivos no século XXI; habilidades de relacionamento, capacidade empática em relação ao time, habilidade de motivar, instigar e inspirar pessoas, tato para a resolução de conflitos e outras mais.

Nessa toada, não seria a primeira vez que acontece tudo diferente do que o profissional previu: a empresa acaba promovendo Haroldo, par de Getúlio e gerente administrativo. É aí que acontece um tipo de diálogo que já se repetiu incontáveis vezes nas empresas por aí.

Imagine Getúlio conversando com um dos sócios.

— *Porra, Sr. Adelmo, o que aconteceu? Eu investi do próprio bolso, banquei um MBA para me tornar um líder melhor e vocês decidem promover o Haroldo?*

— *Getúlio, cada graduação ajuda você a ser um profissional melhor, mas nunca dissemos a você que o MBA garantiria sua promoção.*

— *Não, realmente não disseram. É que não parece justo. Eu sou da área de vendas e o Haroldo vem do administrativo. Além disso, eu tenho uma especialização acadêmica a mais em relação a ele.*

Adelmo, o sócio, responde com muita calma.

— *Getúlio, você está envolvido pelo processo e a sua visão ficou limitada. Atuando como gerente administrativo, Haroldo foi o único líder que conseguiu trazer paz àquele setor em que o pessoal vivia às turras. O seu setor está um caos, os vendedores vivem em pé de guerra!*

— *Mas agora eu tenho um MBA na bagagem, e ele não.*

O sócio revela, então, o que pesou na decisão.

— *Sabemos disso, Getúlio. Nós levamos em conta o fato de que nos últimos dois anos, Haroldo tem estudado autoconhecimento, tem vasculhado o comportamento humano e isso para nós foi decisivo. Haroldo se matriculou e concluiu cursos de PNL, Visão Sistêmica, Coaching, Análise Transacional e outros que agora nem me recordo. Já reparou como as pessoas amam trabalhar com ele? E no seu caso, você já estudou esses assuntos?*

— *Não tenho saco para essas coisas!*

A resposta de Adelmo coloca um ponto-final na discussão.

— *Veja que curioso, Getúlio. Quando contamos para a equipe administrativa que o líder deles assumiria a diretoria de vendas, teve gente que até chorou por perdê-lo. Quando dissemos para o time de vendas que o Haroldo assumiria a diretoria de vendas, todos comemoraram como se tivessem ganhado um prêmio. Ou seja, as pessoas preferem um diretor que entende as pessoas e não um que acha "um saco" os assuntos relacionados ao ser humano. Entendeu agora? Fique satisfeito por continuar na posição de gerente. O sócio queria te demitir, eu que pedi para apostar em você!*

Getúlio deixou a sala do sócio, furioso. Dois anos depois, insatisfeito com a sua situação, passou a trabalhar de qualquer jeito. Sempre que alguém levava um assunto para Getúlio decidir, escutava:

— *Resolve com o diretor. Ele é pago para isso.*

Lembra daquelas frases que exemplifiquei no início do capítulo? Pois é, Getúlio passou a escutá-las, inclusive uma em particular:

— *Esse aí, se gostasse de gente, teria sido diretor.*

Para finalizar, vejamos duas perguntas.

Como teria sido a vida de Getúlio se, nos últimos dois anos, ele tivesse melhorado 1% ao dia?

Como seriam os resultados de Getúlio se valorizasse o ser humano e cuidasse dos colaboradores, oferecendo, na posição de líder, o melhor de si?

Entendo que foi fundamental abordar os limites da inserção digital e, neste momento, quero convidar você a pensar sobre os adultos digitais.

Bruno Adriano

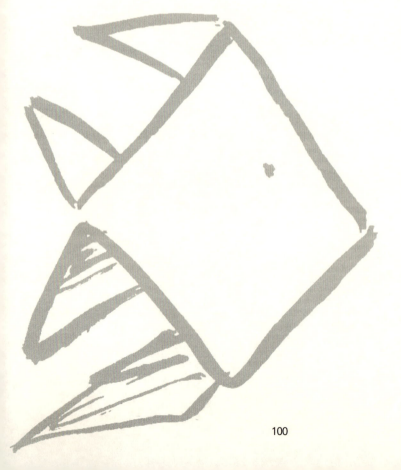

Capítulo 11

Os adultos digitais

Não sei se você percebeu a sutileza daquilo que o décimo capítulo da jornada revelou: permitir-se doses de vulnerabilidade não é só recomendável, é crucial.

A vida é como um eletrocardiograma, que revela altos e baixos para mostrar que você está vivo. Ou não é assim a nossa existência, repleta de sobe e desce?

Não se trata de dinheiro. Mesmo o mais bilionário *player* enfrentará altos e baixos na carreira, na intimidade da vida a dois, na empresa e em cada área que requer atenção. Parece mesmo é que a vida impõe essa instabilidade para nos amadurecer, para que a jornada da felicidade seja valorizada e jamais banalizada.

Dentre esses altos e baixos que o ser humano vai encarando, novas necessidades vão surgindo, exigindo que se torne multifacetado, dominando áreas que até então costumava evitar, inclusive a digital.

Todos nós conhecemos alguém que tenha se mostrado reticente diante dos avanços tecnológicos, que disse detestar certos tipos, como produtos ou programas. Por exemplo: navegação por satélite, tecnologia digital, redes sociais, automação elétrica, celulares e computadores de última geração.

Sem alternativas, algum tempo depois muitos que foram contra a chegada da tecnologia se adaptaram, passaram a usá-la da melhor maneira possível no aprimoramento de

A jornada da felicidade

projetos que mantinham adormecidos, na divulgação de seus negócios, na melhoria de comunicação com os clientes e na divulgação de seus negócios.

Nascia aí o adulto digital, o ser humano que tomou consciência de que precisa fazer parte do avanço tecnológico, sob a pena de viver em uma espécie de *modernos tempos da caverna.*

O adulto digital é aquele que constrói o caminho de sua felicidade 1% ao dia, que edifica uma vida realizadora de acordo com o que tem sentido para ele, sem ficar refém das comparações com a felicidade do vizinho, sobretudo entendendo que a jornada da felicidade tem "documento", tem o seu RG, a sua cara.

> "As frustrações virão de qualquer forma. Mais leves para uns, mais difíceis de superar para outros. Menores em proporção para uns, maiores em estrago para outros."

Dada a instabilidade que comentei, se a pessoa ainda estiver vivendo numa condição de criança digital, será iludida por um *algo a mais* que não precisa para ser feliz, seja a grama do vizinho mais verde, a promoção que o amigo conseguiu e ela não, a empresa que o vizinho estruturou e ela não. Veja o caso dos relacionamentos, para exemplificarmos. Tem gente que passa a vida inteira esperando o relacionamento dos sonhos ou a tal alma gêmea que os poetas e músicos reportaram, sendo que poderia simplesmente viver ao lado de quem ama, construindo sonhos ao baixo preço de melhorar a relação 1% ao dia.

O ser humano carece desse equilíbrio de estar pronto e adulto para enfrentar os reveses e os estragos causados pela frustração, pelo excesso de expectativas que ele mesmo cria por não protagonizar o próprio destino, por ficar esperando que algo dê certo, ainda que não tenha aberto passagem para a oportunidade e dado os passos necessários.

São novos tempos em que os relacionamentos são construídos e expostos ao escrutínio das redes sociais. Declarações de amor transcendem a relação a dois e são publicadas ao alcance de todos os amigos e conhecidos. Em algumas situações, indiretas são publicadas para dizer o que não é fácil dizer frente a frente para o chefe. E assim a vida vai seguindo o seu curso, um pouco ao vivo, um pouco partilhada.

Uma vez adulto digital, sabendo lidar e administrar os vários papéis que exerce em sociedade; pai, filho, amigo, vizinho, irmão, esposo, mãe, filha, esposa, vizinha amiga, empreendedor(a) – o ser humano fica mais próximo da realidade e mais consciente daquilo que de fato quer, invertendo a lógica de aceitar qualquer coisa que a vida ofereça e ajustando as expectativas para o que de fato é tangível.

Note que a jornada da felicidade proposta da maneira que ofereço não vai ao encontro do que muitos defendem sobre a necessidade de "reduzir ou não ter expectativas". Com todo o respeito, discordo de quem pensa assim. Na medida certa, expectativas fazem parte das conquistas e da transição de criança para adulto digital. Não as ter pode ser nocivo.

Imagine que você tenha calculado uma meta pela qual vem se dedicando há quatro anos. Faltando dois anos, você estará na metade do caminho e não terá nenhuma expectativa? Não vai rolar nada em sua composição hormonal? Nem mesmo aquele friozinho na barriga? Eis o perigo. Sem expectativa, quatro elementos fundamentais para qualquer jornada caem drasticamente: paixão, tesão, motivação e inspiração pela meta. Com isso, a chance de desistir é grande.

Acredito muito no conceito da palavra paz, pois não é ausência de problemas ou dificuldades, mas sim presença de convicções, de força, de fé. Todo esse combo de ações e sentimentos nos transforma em adultos digitais, pessoas que aprenderam a se relacionar em tempos não analógicos.

Isso me leva a propor três perguntas e possuo dentro de mim a certeza de que, a essa altura, com tudo o que leu até aqui, você já sabe a resposta.

Acha mesmo que uma criança digital é capaz de liderar times exitosos?

Acha mesmo que uma criança digital é capaz de empreender com força?

Acha mesmo que uma criança digital é capaz de conquistar os sonhos passo a passo, 1% ao dia?

> "Quanto mais presença de convicções e de consciência, maiores são as chances de conquistarmos o que desejamos porque a maturidade impõe sua forte luz onde antes só escuridão se via."

Sabe qual é a outra vantagem do adulto digital em relação aos negócios?

Ele não hesita diante das necessidades de buscar recursos. Por exemplo: digamos que Tulio seja empreendedor do segmento de ferramentas industriais e tenha estruturado em São Paulo a sede de sua pequena fábrica, visando concorrer com as gigantes alemãs que têm presença forte no setor.

A forjaria de Tulio emprega trinta colaboradores e o seu sonho é alcançar um *share* de 10% do mercado, sendo que hoje só detém 2% do setor (que não é pouco, dada a enorme procura pelo produto de natureza industrial).

Ocorre que, até o ano de 2020, Tulio era uma criança digital, empreendedor avesso às mudanças e transformações do mercado, sempre com um "não" pronto para todas as propostas de automação industrial que batiam à sua porta.

Tulio decide participar de uma mentoria de carreira, passa a ser um leitor ávido e vai buscando diversos treinamentos comportamentais que o fazem expandir o *mindset*[11].

Com a mente expandida, Tulio resolve finalmente conhecer detalhes do processo de fabricação de seus concorrentes e descobre que cada um deles investiu em maquinário automatizado. É aí que o empresário decide fazer o mesmo.

Tulio calcula cada passo, se prepara, calcula tudo direitinho para que, em um ano, alcance 10% do desejado *market share*. Tulio vai à instituição financeira de suas relações, toma um empréstimo, complementa o valor desinvestindo uma aplicação, treina o time e, como se diz popularmente, *pau na máquina*.

Um consultor de confiança consegue agendar uma visita monitorada a uma fábrica alemã. E diz a Tulio que é necessário conhecer a fábrica alemã de ferramentas industriais, afirmando que só os ferramenteiros alemães conhecem as técnicas para otimizar o custo fabril.

Se Tulio ainda fosse uma criança digital, certamente diria não, alegando que seria uma viagem cara e sem garantias em busca de uma tecnologia sem certezas, argumentaria que não dominava o idioma, que isso e aquilo...

Felizmente, Tulio é um novo empreendedor que se tornou adulto digital, ciente do que precisa ser feito. Em poucas

---

11   Atitude mental.

semanas, tem em mãos o passaporte, o contrato com o intérprete que acompanhará a sua visita monitorada, o bilhete aéreo, a confirmação da reserva de hotel e até mesmo a reserva em três restaurantes especializados na gastronomia local (uma surpresa que ele providenciou para a esposa, que será sua companheira de viagem).

Tulio fez a visita que se dividiu entre o aprendizado e uma segunda lua de mel. O empresário aprendeu o *know-how* dos alemães, trouxe as soluções para o Brasil e, um ano depois, não atingiu os 10% de *market share* que pretendia. Em vez disso, a sua empresa passou a absorver 14% do mercado nacional de ferramentas industriais.

Três perguntas eclodem desse exemplo, para a nossa reflexão.

O que estamos aguardando para nos transformarmos em adultos digitais?

Será que não é exatamente disso que o nosso negócio está precisando?

Se podemos nos tornar líderes e empreendedores completos, por que insistiríamos em agir como melindradas crianças digitais?

Mais uma vez, tenho certeza de que você conhece as respostas. Estamos prontos para uma análise mais avançada...

Bruno Adriano

Capítulo 12
O que é saudável ou terrível nos planos de mudança

Acredito em ter *checkpoints* próprios, para monitorar o caminho e viver da sua maneira, sem esse negócio de passo 1, passo 2 e mais cinco ou sei lá quantos passos para ser feliz, ter sucesso ou enriquecer, tal qual costumam oferecer por aí.

Claro que é positivo e necessário admirar o trabalho de alguém que você contrata, desde que escolha uma pessoa e procure evoluir com ela (não com todos, porque viraria uma confusão). Confira o caso de uma pessoa que decidiu eliminar peso para melhorar a qualidade de vida e a saúde. Se ela seguir três perfis de nutricionistas, vai presenciar um caos, porque um recomenda ovo todos os dias, o outro pede que corte o ovo da dieta e um terceiro vai recomendar que coma uma dúzia de ovos de uma só vez, mensalmente.

> "Confie em sua capacidade e nos recursos conquistados para gerar alternativas e ter um lugar para chegar."

Chame de destino, objetivo, meta, como preferir. Eu chamo de GPS da vida realizadora, como já mostrei no capítulo nove, mas você escolhe como vai chamar porque a jornada da felicidade é um caminho de escolhas. Seja qual for o nome que você der, lembre-se de ter vários "pra quês", significados reais de seus desejos.

Muitas vezes, a realização que você deseja tem significado para outra pessoa e não para você. Aí se tem a formação da ansiedade: a pessoa compartilha o que funciona para ela e a outra dispara, corre para acatar, abrindo no coração uma ansiedade danosa porque vai esperar resultados que não se encaixam no seu perfil.

Entenda que existe o "pra quê" em cada área: pra que conquistar a independência financeira? Pra quê reunir toda a família aos sábados? Pra que investir em alto risco? Pra que abrir uma empresa?

A resposta há de gerar a certeza, a presença de convicções que comentei em outro trecho, para que não dê passos cegos.

Embora eu não seja favorável aos tais passos disto e daquilo, acredito nos passos personalizados, os seus, tão pessoais e intransferíveis quanto os dados de seu cartão de crédito.

Confira uma analogia. Ao tentar segurar uma pizza inteira e comê-la com as mãos, como se fosse um sanduíche, concorda que não vai dar certo? Assim é a vida. Enquanto não analisarmos as áreas em separado, ou seja, as fatias, veremos e levaremos a vida como um todo, usando as mesmas ações e investindo a mesma quantidade de esforços ou energia para tarefas diferentes.

Por isso, recomendo o fatiamento para fins de análise, autoconhecimento e ação, para que saiba exatamente quem você é por dentro e por fora. Uma vez definido o que você quer dentro de pelo menos sete macroáreas da vida (tem gente que é mais específica e cria um número maior de subgrupos em cada área), a jornada da felicidade fica mais simples.

Vamos investigar alguns objetos de desejo e o motivo é elementar: durante os treinamentos ou palestras, quando perguntamos a respeito de sonhos, metas e objetivos em cada área da vida, nos surpreendemos com pessoas que dizem não ter sonhos, ou afirmam que "desde que a família esteja bem, basta", "meu sonho é fazer tudo dar certo" ou "o importante é estar com saúde".

Sem dúvida, tudo isso tem peso e merece ser levado em conta. No entanto, precisamos de dois critérios, saber o que queremos e buscar a especificidade. Eis os exemplos.

Saúde profissional – pedir demissão, mudar de ramo, criar passos para elevar a carreira, estruturar uma empresa, abrir um novo negócio;

Saúde financeira – investir em ativos financeiros, estudar criptomoedas, provisionar um endividamento estratégico, conhecer os perfis investidores conservador, moderado e arrojado, investir em previdência privada;

Saúde espiritual – estudar as questões subliminares, pesquisar a existência dos seres humanos, da flora e da fauna, desenvolver gratidão por estar vivo;

Saúde física – fazer exames preventivos e *check-ups* frequentes, iniciar exercícios regulares, visitar o endocrinologista e o gastroenterologista;

Saúde social – praticar filantropia, filiar-se a uma ONG, participar de uma comunidade religiosa, ministrar palestras para ensinar o que sabe aos mais jovens;

Saúde emocional – participar de palestras, *workshops*, treinamentos, mentorias e quaisquer formatos que tragam conteúdo ligado ao autoconhecimento, procurar psicólogo e psiquiatra sem o preconceito de supor que somente loucos visitam esses profissionais;

Lazer – viajar com os familiares, explorar novos lugares, desenvolver *hobbies*, permitir-se um tempo livre para livros, filmes e séries.

Definido o que você quer, em todas as áreas deve-se buscar especificidade. Por exemplo, se a ideia é mudar de ramo e cumprir os passos específicos da transição (vide capítulos 5 e 6), vai dar certo. Mas veja a busca pelo desejo específico e o eventual preço a ser pago pela não especificidade, que pode ser terrível:

O que é saudável / o que pode ser terrível – definir o novo ramo para o qual você deseja mudar e a empresa onde pretende atuar / pensar como muitos e dizer "qualquer ramo serve, desde que eu saia deste inferno";

O que é saudável / o que pode ser terrível – estar emocional e tecnicamente pronto para desenvolver a melhor performance no novo ramo / deixar para estudar e pesquisar "depois que estiver lá";

O que é saudável / o que pode ser terrível – envolver e inserir a família no desafio que vai assumir, explicando cada detalhe, mostrando os benefícios da nova escolha e abrindo o coração, revelando como será mais feliz pela mudança / fazer uma surpresa, pedir demissão na segunda-feira pela manhã e contar para a pessoa que ama à noite;

O que é saudável / o que pode ser terrível – planejar as finanças, preparar um bom colchão financeiro que faça frente aos dias difíceis enquanto não se remunera no novo ramo / contar com a sorte, imaginando que o dinheiro vai jorrar rapidinho;

O que é saudável / o que pode ser terrível – divulgar o novo segmento somente quando tiver a certeza de que cada providência foi cuidadosamente tomada / ter a ideia de mudar de ramo e antes mesmo de desligar-se da atual empresa, chutar o balde, sair divulgando geral;

O que é saudável / o que pode ser terrível – planejar a saída, entregar a carta de demissão, sair com a cabeça erguida e assim como aconteceu comigo, fazer a transição de uma maneira tão respeitosa que o atual empregador possa até se tornar seu cliente / pensar de maneira pobre, adotar uma péssima performance no dia a dia, alimentando o pensamento do tipo "quem sabe assim a empresa me demite e eu não precise pedir demissão";

O que é saudável / o que pode ser terrível – melhorar a ideia 1% ao dia com ações práticas sobre os planos específicos, ao estilo norte-americano (*baby steps*) até dotar-se da convicção de que conseguiu amadurecer pelo menos 50% da ideia original / seguir dicas motivacionais rasas, do tipo "basta pensar positivo", alimentando a ideia de mudança na cabeça e supondo que basta;

Não é um novo jeito de considerar velhas questões?

Quero finalizar esse trecho com uma provocação filosófica, já que tenho estudado filosofia e visão sistêmica, duas matérias muito interessantes:

> "Somos o novo e o velho que se misturam entre o que poderia ter acontecido ontem e o que deveria acontecer hoje".

Então, uma pergunta não quer calar.

Como será a sua vida a partir de amanhã, agora que você sabe o que fazer hoje, honrando o tempo que deixou de usar ontem para trilhar em favor de sua jornada da felicidade?

Se a resposta está pronta, convido você a abrir caixas...

A jornada da felicidade

Capítulo 13

O fim das caixas padronizadas

Para mim, Jean Paul Sartre foi muito feliz quando cunhou o pensamento "não somos aquilo que fizeram de nós, mas o que fazemos com o que fizeram de nós". Isto é, como agimos e reagimos diante das ações alheias que de alguma forma nos afetaram.

Durante a pandemia, tive a chance de quebrar paradigmas em meu dia a dia. Independentemente das circunstâncias, me permiti viver determinados dias fazendo coisas que não costumava fazer naqueles dias. Por exemplo, trabalhar em um domingo e reservar a segunda-feira para um dia de folga com a família, ou testar a capacidade criativa durante a madrugada.

Por que fiz isso? Instigar novas sinapses[12], senhoras e senhores, e permitir à mente novos caminhos para novas soluções. Facilitar movimentos inéditos para a mente que, não raro, é submetida a rotinas perversas.

Pense, somos educados dentro de muitas caixinhas; o horário comercial das 8h às 18h, o sábado e o domingo exclusivos para o descanso, horários específicos para almoço e jantar, roupa para esta e aquela ocasião, carboidrato no café da manhã.

Cada vez mais, fico satisfeito por ver as pessoas se permitindo novos dias e horários para o cotidiano e, melhor do que isso, encontrando excelentes resultados.

---

12   Comunicação entre dois ou mais neurônios, visando às ações específicas.

Claro que a causa dessas caixinhas, a origem, foi justa. Visava gerar disciplina, comprometimento e organização. Mas com o tempo, que desconstruiu quase tudo, por vezes ficamos reféns delas.

Conheço empreendedores que trabalham três dias por semana. Nas empresas, conheço gestores que ousam quebrar rotinas e flexibilizar horários. Nem por isso deixam de obter excelentes resultados.

Nos novos tempos, é justo avaliar o que faz bem, o que é mental e fisicamente melhor para quem empreende. Tem gente que rende melhor começando o expediente às 11h, após exercitar-se e tomar um demorado e farto café da manhã. Outros saltam da cama junto com o sol, preferem comer qualquer coisa às pressas e iniciar o expediente antes das 7h. Há ainda um terceiro grupo que prefere não trabalhar pela manhã, que inicia o expediente após o almoço, lá pelas 14h, e avança até as 22h ou mais.

Dentre os três grupos, quem está certo?

Dentre os três comportamentos, qual é mais produtivo?

Em matéria de caixinhas, não existe certo ou errado. Se a pessoa puder (nem sempre é possível trabalhar no horário desejado) fazer aquilo que gosta e lhe faz bem, excelente, pois corpo e mente agradecem. E se não puder, mas carrega o sonho de um dia trabalhar do seu jeito, que siga os passos para a própria jornada da felicidade, melhorando sempre 1% ao dia, seguindo a rota traçada pelo GPS da vida realizadora.

Há outra caixinha da questão comportamental que merece ser avaliada em prol dos resultados que você deseja. Algumas datas comerciais formam padrões comportamentais.

Tem homem que é indelicado com a mulher durante o ano inteiro e, para compensar, no Dia Internacional da Mulher, vai correndo ao shopping buscar um mimo que possa apagar seu comportamento. Tem pai que deposita a pensão e deixa o filho ser educado pela mãe. No dia das crianças, se esforça para passar o dia compensando o que deixou de fazer no ano inteiro. Tem filho que vai morar sozinho ou, ao se casar, parece que se separa dos pais. Adivinhe qual é a data comemorativa que o aproxima? Isso mesmo, o Dia dos Pais...

Ocorre que uma ou mais áreas comprometidas, seja o relacionamento entre pais e filhos ou marido e esposa, podem afetar as demais. A pessoa não consegue empreender, criar e dar o melhor de si, uma vez que sua mente está voltada para os problemas de relacionamento, para a saudade não saciada e, sistemicamente, para o fato de que a vida há de cobrar uma solução de proximidade entre os que não deveriam estar distantes.

A mesma reflexão se aplica para outras áreas em desalinhamento. Problemas com a saúde financeira são os principais impeditivos das conquistas, pois o que mais acontece é a pessoa desejar um objetivo e sacrificar-se para reservar a maior quantidade possível de dinheiro. A depender do padrão de vida que leva, a transferência desses recursos sacrificados fará falta em outras áreas que, necessárias ou supérfluas, vão gerar frustração. É comum que acabe desistindo.

Quando o desajuste envolve o lazer, é outro problema, porque gente que não curte a vida e não preenche parte do tempo livre se divertindo vai trabalhar cheio de estresse e amargura.

Se não dermos atenção especial para a saúde física, cedo ou tarde há de faltar disposição para a jornada da felicidade, e gente cansada ou adoecida não consegue ir muito longe.

A jornada da felicidade

Percebe como todas as áreas exigem atenção e têm conexão?

Consegue notar os diversos benefícios no rompimento das caixinhas padronizadas que nos ensinaram desde a infância?

A jornada da felicidade permite esses cuidados. Mais do que isso, exige.

De forma caprichosa, a felicidade exige bem-estar. Basta observar as pessoas realmente felizes, que comprovam tal verdade. Elas se tornam plenas em sua fase mais íntegra, saudáveis, fortes, conscientes de onde vieram, do preço que pagaram e da conquista que alcançaram.

Por isso, da próxima vez que você escutar alguém dizendo que curte um cochilo após o almoço, que gosta de trabalhar de bermuda e camiseta regata, que prefere despachar da cama, que gosta de visitar os pais no meio da tarde para o ritual de tomar um cafezinho e comer o bolo caseiro da mãe ou que gosta de tirar uma folga toda terça-feira para o lazer, não julgue, nem condene.

Desconstrua a ideia vendida para você em caixas padronizadas, principalmente advindas do setor corporativo, onde tais caixas perduram.

Nesta década de 2020, começamos a ver um movimento mais flexível nas empresas, que vai abarcando o setor corporativo, cada vez mais, por meio de expressões que você já ouviu por aí em português ou inglês: *casual day*, *home office*, *banco de horas*, *day off*, *multitasking* e outras mais.

Sabe a quem pertence o legado de construir um novo e mais flexível jeito de trabalhar e cuidar melhor dos colaboradores?

É o legado de uns carinhas que já apresentei a você, os adultos digitais que foram pioneiros e mostraram um novo

Bruno Adriano

jeito de trabalhar. Alguns nomes do pioneirismo merecem ser citados como gestores da flexibilidade laboral: Bill Gates, Mark Zuckerberg, Elon Musk, Lawrence Edward Page e Sergey Mihailovich Brin. Se você não associou os nomes ao legado que construíram, aí vai, respectivamente: Microsoft, Facebook, Tesla e Google (Page + Brin).

Estamos falando de gente que se dispôs a quebrar caixas padronizadas, que se recusou a tratar pessoas como meras batedoras de cartão e passou a mostrar que elas podem ser colaboradoras e empreendedoras, mesmo que estejam vinculadas a um CNPJ que as emprega.

Um derradeiro alerta sobre as caixas padronizadas: não é um convite à irresponsabilidade. Reiterando o que afirmei no trecho dos adultos digitais, não deixe de cumprir as responsabilidades e os papéis exigidos pela sua jornada da felicidade. Se for o seu desejo, quebre as caixas e flexibilize o que achar melhor, mas saiba que uma atividade não pode nem deve substituir uma tarefa que faça parte.

Melhorando 1% ao dia, vá preenchendo o que for necessário. O objetivo, o sonho, a meta ou como queira chamar está logo ali, olhando para você. Verdade seja dita, desde que execute o planejado, pouco importa que pretenda realizar determinada tarefa às 8h, às 14h ou às 20h.

> "O relógio é um instrumento que usamos para regular nossa disciplina. Já a vida é autossuficiente e não fica olhando o tempo passar, mas é implacável diante das ações necessárias."

Aonde você quer chegar, lembre-se, depende daquilo que você faz. Por sua vez, essa ação deve fazer sentido para você (lembre-se do "pra quê").

A jornada da felicidade

Se chegar a esse patamar em que está cumprindo uma tarefa a qualquer hora, com prazer e sentindo que faz sentido, tenha a certeza de que o GPS da vida realizadora está ajustado e atualizado. Como sabemos, GPS exige que se faça o caminho, mas não faz questão de que seja neste ou naquele horário. Ou seja, está tudo certo do seu jeito e você vai alcançar o que deseja...

Por último, não estranhe se alguém que você conhece usar os seguintes adjetivos para se referir aos dias e horários diferentes que você escolheu para trabalhar ou se divertir: estranho, exótico, excêntrico, diferente, preguiçoso, esquisito, incomum, inusitado, anormal.

Essas pessoas não quebraram suas caixas padronizadas e ficam de queixo caído quando encontram alguém que tenha quebrado.

Pois bem. É hora de abordarmos o zelo com os cuidadores...

Bruno Adriano

Capítulo 14

Quem cuida de quem cuida?

Se, de um lado, pautas foram criadas para ajudar o colaborador da empresa, como direitos trabalhistas, benefícios, convênios, além de associações e sindicatos, de outro há uma figura para a qual poucos olham.

São vários os títulos que damos a eles; patrão, gestor, sócio, chefão, mandachuva, chefia, CEO, presidente, comandante. Para efeito dessa nossa abordagem, carinhosamente vamos tratá-lo por chefão.

Poxa, Bruno, ao dizer que poucos olham para o chefão, você quer dizer que ele é coitadinho?

Não. Aliás, não existem certos ou errados, coitados ou injustiçados. Atuando no papel da liderança, uma pessoa talvez seja injusta, mas não é justo apontarmos o dedo indicador para a organização.

Eu me tornei treinador comportamental sistêmico para ajudar a resolver esse tipo de problema, para apoiar a liderança familiar, corporativa, comercial, empreendedora. Sempre trabalhei focado em restabelecer o estado emocional de meu semelhante e suas conexões internas, a fim de que possa realmente realizar o que deseja. Então, quando o tema é gestor-colaborador, avalio com muito cuidado para ser justo com os dois.

Afinal de contas, por trás de um colaborador e um chefão, existe um ser humano dotado de emoções que se frustra, sente raiva, tem limitações de todo tipo e, mesmo assim, precisa ser produtivo, é cobrado para fazer as pessoas renderem, pressionado para manter a empresa sobre os eixos.

De acordo com a visão sistêmica que usamos no corporativo para a resolução de conflitos, numa empresa ambos os sistemas estão presentes, da família e da organização, sendo que a qualidade dos relacionamentos vai ditando a dinâmica das experiências. A vida segue e o dia a dia vai se ajustando (ou se desajustando) a depender dos eventos, da liderança, da gestão e dos colaboradores.

Quando todo esse agrupamento está em harmonia, honrando os que vieram antes, sem excluir ninguém do presente ou do passado e, sobretudo, respeitando o papel e a responsabilidade de cada pessoa sem que um assuma o trabalho do outro, o equilíbrio tende a reinar e o sucesso da organização fica no radar.

Cientes disso, olhemos para a figura do nosso chefão, não apenas pela visão sistêmica, mas principalmente pela visão empática.

Duvido que não conheça algum empresário de pequeno, médio ou grande porte, do tipo acolhedor, que goste de cuidar dos colaboradores, que converse com todos e se disponha a escutar desabafos.

Há também o chefão impessoal que gosta de separar as coisas, que não se mistura com aqueles que, na visão dele, são pagos para trabalhar na empresa e nada mais.

São diversos os perfis dos chefões e, para listar todos, precisaríamos de um livro só para isso. O que desejo trazer à baila é um tema que serve a todos eles: enquanto lideram e cuidam dos colaboradores, quem cuida dos chefões?

Na mídia, é comum que reportem dados que indicam a enorme quantidade de empresários enfrentando problemas cardíacos, hipertensão, diabetes, ou que se dizem deprimidos, estressados, com a sensação de que carregam o mundo nas costas.

Estamos falando dos nossos chefões, de gente que cuida de gente a tal ponto que esquece de cuidar de si.

Se você tem um chefão que, de acordo com o seu *feeling*, passa ou está no caminho de passar por uma situação assim, compartilhe com ele o livro ou, pelo menos, este capítulo. Quem sabe você acaba salvando uma vida?

Vamos entender o que acontece de verdade, a raiz do problema que acaba deixando os chefões enfermos.

Tem muito empresário teimoso por aí. Nós chegamos à empresa, mostramos a relevância de treinar as pessoas, de gerar oportunidades para que cada um investigue seus valores, suas crenças, para que desperte seu máximo potencial e, a partir do autoconhecimento, seja melhor profissional. No entanto, quando convidamos os sócios a que participem dos treinamentos comportamentais, escutamos respostas desanimadoras.

— *Quem precisa disso aí é o meu pessoal.*

— *Quem aquela treinadora jovenzinha pensa que é para me ensinar alguma coisa?*

— *A esta altura do campeonato não tenho mais paciência para treinamento.*

— *Não tenho tempo de sobra nem para o meu futebolzinho, sem chance!*

— *Faz meses que não vou nem ao terapeuta. Tô sem saco para essas coisas!*

A jornada da felicidade

Ao mesmo tempo em que se recusam, o *rapport* aumenta, sentem-se mais à vontade, a conversa vai avançando e eles reclamam da vida, desabafam, colocam seus problemas sobre a mesa.

— *Estou quase me separando, não aguento mais a minha esposa.*

— *Cara, como eu sinto saudade de viajar. Há quatro anos não uso o passaporte.*

— *Antigamente, eu tinha voz ativa por aqui. Hoje eu falo, falo e tenho a sensação de que ninguém mais me escuta.*

É um paradoxo, sem dúvida. Sistemicamente, a figura que cuida de tudo, que idealizou o projeto e fez a empresa chegar até ali necessita de tantos cuidados emocionais quanto cada um da empresa. Culturalmente, vários deles tentam mostrar ou manter uma imagem de super-homem ou mulher-maravilha, tentando provar que se bastam, que são fortes e inabaláveis, se esquecendo do fato de que são apenas seres humanos vulneráveis e imperfeitos, em busca do que deveria ser uma jornada da felicidade.

Quando a pessoa ocupa um cargo ou posição de extrema relevância, já carrega o estereótipo de "super", de quem não pode e nem possui tempo para ter problemas íntimos e emocionais.

Além das exigências que a situação prevê, os chefões juntam o julgamento interno ao que os outros opinam. Alimentam essas crenças de que precisam estar firmes e fortes, se culpam quando não conseguem e ainda precisam lidar com os demais, que reagem ao comportamento do chefão. Confira alguns exemplos.

O sócio, cobrando posição. — *Esta parte é sua responsabilidade, você precisa decidir porque o líder do setor não tem condições de assumir um problema deste tamanho.*

Os colaboradores, cobrando participação. — *Faz tempo que a senhora não passa pelo setor de vendas, para dar aquela confraternizada. Os vendedores sentem falta, dizem que a senhora desanimou e a consequência é que desanimem também.*

O cônjuge, cobrando atenção. — *Você precisa encontrar tempo para nós. Para que ganhar tanto dinheiro, se não consegue tempo nem para a família? Tudo bem que não consiga uns 20 dias para uma viagem aos Estados Unidos. Mas nem mesmo uma viagenzinha de fim de semana até Campos do Jordão?*

O fornecedor, cobrando pedido. — *Eu já falei com o seu gerente e o seu diretor de compras. Até hoje, mantive o desconto top da distribuição de nossos produtos, mesmo que não venham colocando o mínimo de pedidos que a política de compras exige. Só você pode resolver isso. Tem como melhorar, aumentar um pouco o ciclo de compras?*

O concorrente, cobrando posicionamento. — *O fiscal do sindicato esteve aqui. Eu disse a ele que a nossa categoria não pode concordar com 100% das exigências de reajuste. Você precisa me ajudar a comprar essa briga porque também é do seu interesse.*

O gerente da instituição financeira, cobrando carteira. — *Poxa, eu consegui empréstimo consignado a juros baixos para os seus funcionários. Aumentei os limites de sua empresa e reduzi o seu pacote de tarifas. Mas preciso de investimento. Topa fechar comigo um CDB de pelo menos seis dígitos?*

O diretor de Recursos Humanos, cobrando cabeças. — *O relatório de produtividade está pronto há meses, inclusive com a sugestão de quem poderia ser desligado. Os sócios pediram para reduzir o custo da despesa fixa e o relatório está sobre a sua mesa. E aí, quem serão os dez colaboradores que demitiremos?*

A pressão surge de todos os lados e poucos percebem que o chefão está sobrecarregado, que o fio de suas emoções está retesado, quase arrebentando.

Vivendo o papel do protagonismo e da centralização de tantas decisões cruciais, cobrado e julgado por todos os lados, o chefão não tem outro caminho. Está na rota da depressão.

Se você imagina que estou exagerando, experimente digitar "depressão entre empresários" em seu site de buscas preferido e prepare-se para ter contato com diversos estudos, dados e pesquisas, com especialistas que tentam explicar as causas de tanta gente enfrentando as doenças da mente.

Aí estão algumas causas bem prováveis. Para ajudar o chefão, o caminho é simples, mas não é fácil: doses cavalares de autoconhecimento para resgatar os tempos em que o chefão dava conta de conciliar os compromissos com a jornada da felicidade.

O chefão precisa ter um tempo para si, reservando uma fatia da semana para ler, relaxar, cuidar de si e da família, participar de treinamentos como qualquer mortal que procura evolução. O chefão merece saber que ele não é, como dizia Raul Seixas, "carpinteiro do universo inteiro".

Conforme as decisões vão se mostrando mais pesadas, não é vergonha alguma chamar os sócios, colocar a situação sobre a mesa, redefinir o jogo corporativo e propor uma divisão mais justa do *job*. E sim, isso acontece com frequência.

Diversas empresas têm um sócio que se mata de trabalhar e o outro, não raro um *bon-vivant*[13], aparece aqui e ali

---

13   Expressão francesa, revela a pessoa que, diante do trabalho, prioriza os prazeres da vida.

para assinar algo, dar algumas ordens ou participar de uma reunião, desaparecendo em seguida.

É natural que o chefão queira ser um super-herói reconhecido como o cara que dá um jeito e resolve qualquer parada. Mas precisamos fazê-lo entender que, acima de tudo, ele precisa cuidar de si, para que tenha uma saudável longevidade.

Em outra analogia, se o Super-Homem recorre à mortal *Lois Lane* para dar conta dos problemas, mas cai diante de um pequeno pedaço de *kryptonita*, imagine o chefão, mero mortal, frente a tanta pressão...

Estamos a três capítulos da despedida. Tomo a liberdade de fazer um *spoiler*: temos estratégias para a tomada de consciência, para a conquista de pessoas que ajudam no propósito, na missão de carreira. E, por último, um rumo resumido para a felicidade segundo o seu entendimento. Vem comigo?

Capítulo 15

A tomada de consciência para buscar a sua verdade

Que coisa, não? Estava aqui pensando no desfecho do último capítulo que entreguei a você (e que não previ, quando vi, a analogia ganhou vida sozinha).

Citei o Super-Homem, porém vale dizer que, em quase todos os filmes de super-heróis, no primeiro momento eles relutam em contar com a ajuda de humanos, se posicionando como deuses, ou como os empresários que dizem "eu não preciso", "eu dou conta", "eu me viro sozinho".

Os meus maiores clientes que investem em comportamento humano não são os que precisam, mas os que escolheram cuidar de si, que se conscientizaram e aceitaram que são seres humanos imperfeitos em busca de evolução.

Não tenho restrições ou reservas para mostrar a verdade aos que estão agindo de maneira temerária e colocando a saúde em risco.

Atendendo uma empresária com o perfil que citei no 14º capítulo (quem cuida de quem cuida), abri o jogo após o relato dela, que dizia centralizar tudo ao alcance das mãos, desde as decisões mais simples como assinar ao lado do comprador uma requisição de compra de baixo valor, até as mais importantes.

— *Você está agindo como semideusa. Será que tem conseguido impor protagonismo nas outras áreas e papéis que a sua vida exige?*

A empresária arregalou os olhos, espantada pelo choque de realidade e pela súbita tomada de consciência. E não pense, prezado(a) leitor(a), que perdi o contrato por conta da franqueza. Até hoje, é nossa cliente e já nos contratou diversas vezes.

Ocorre que não pode faltar coragem a quem se compromete com o mundo dos negócios e a evolução das pessoas. Para dar tapinha nas costas, não vai faltar gente. Quer ser um fornecedor, um parceiro de negócios dos empresários, empreendedores e gestores? Diga a verdade, respeitando-os, sem poupá-los do que merecem saber.

Finalizando a abordagem, proponho expandirmos a partir daqui, voltando a pensar em soluções para todas as pessoas, e não só para a turma que está no topo dos negócios.

Nem sempre é fácil buscar ajuda terapêutica ou amparo comportamental. Reconhecendo que precisa preencher algumas lacunas emocionais, aquele vazio por dentro que vai hoje, volta amanhã. Sabe por que é tão complicado?

A gente corre o risco de avaliar a situação por uma ótica comprometida, tentando encontrar esse preenchimento em alguém, em um "salvador". Muitas vezes, só precisamos **da solução** e não **de alguém**. Por exemplo:

A minha irmã Andraine, na qual me inspirei muito para estudar e me dedicar à literatura, filosofia e formas de aprendizado, é entusiasta e praticante da biblioterapia[14], que em resumo é a indicação de livros voltados à terapia. As pessoas acabam se apaixonando pela técnica porque têm a oportunidade de se investigar a partir do conteúdo das obras.

---

14   Terapia de leitura que visa equilibrar as emoções, incluindo *storytelling*, em que autores e gêneros são escolhidos para que as respostas necessárias sejam encontradas naturalmente pelos próprios leitores.

Contudo, numa visão macro, minha irmã não é a responsável pelos resultados positivos do leitor. Do mesmo modo, o profissional que oferece um *mastermind* ao mercado por 100k não é responsável por aquilo que o seu aluno conquistar.

Da mesma forma, eu não sou o treinador comportamental responsável pelo sucesso de meus clientes, que tão bem referenciam o nosso instituto.

> "Quem oferece soluções é só um espelho que permite ao semelhante se olhar de uma maneira há muito ou jamais vista. O restante do mérito evolutivo é de quem conquista."

Em todos os casos, é a pessoa, sempre ela, que tem contato com a tomada de consciência e "acorda para a vida", já que estar e atuar em uma posição abaixo da capacidade é uma espécie de sono-acordado, como se estivéssemos despertos e ao mesmo tempo, conduzindo os dias por meio de um rotineiro sonambulismo.

A tomada de consciência facilitada pelo mentor representa também uma estratégia de se reconectar à essência e, convenhamos, nada melhor do que essa conexão para reforçar a qualidade dos relacionamentos, os resultados e anseios em cada área da vida.

Costumo brincar com os meus alunos, dizendo "isto é o que temos para hoje" para falar de grandes conquistas, mostrando que existe, advinda da tomada de consciência, uma "felicidade simples", e se a enxergarmos como tal, vamos querê-la com frequência, ao sabor de buscá-la 1% ao dia.

Sabe qual é a principal vantagem da tomada de consciência?

A jornada da felicidade

Você passa a perceber que muito do que desejava não estava no infinito, a milhões de quilômetros. Estava ali, esperando uma quebra de crença limitante que cai assim que a tomada de consciência entra em cena, ou esperando uma ação que dependia da mesma tomada.

A outra vantagem é que o detalhe passa a ser valorizado. Vi uma situação bem típica sobre isso, em que o aluno descobriu um detalhe em seu comportamento que derivava de uma crença antiga que trazia da infância, de que "gente pobre não tem vez entre os ricos".

Sempre que o aluno parecia próximo de realizar o seu sonho de carreira, inconscientemente dava um passo para trás, recusando uma nova graduação, deixando de estudar um novo idioma ou tentando se convencer de que "se sentia bem onde estava". Uma vez que teve contato com a tomada de consciência e viu que retroalimentava essa crença, o aluno deu a ela um novo significado e, tempos depois, assumiu o cargo de diretoria que tanto almejava na carreira.

O exemplo clarifica que, a partir da tomada de consciência, a pessoa desenvolve maior capacidade empática. Detalhes no comportamento dos outros que ela dizia "ser frescura" passam a ser vistos como uma situação que merece respeito.

Por exemplo, o marido sonha deixar o serviço público federal e se tornar executivo do setor privado, mas a esposa morre de medo do audacioso passo, teme que o esposo perca a estabilidade, o salário que não é dos piores, a assistência médica de qualidade e as férias que o servidor consegue todos os anos com facilidade.

A esposa faz de tudo para boicotar a transição do marido que, por sua vez, no lugar de entender os receios de natureza financeira da esposa, passa a adjetivar as crenças dela: frescura, apego, egoísmo e por aí vai.

Ambos passarão anos discutindo a mesma questão sem chegar a lugar algum. Ela se dizendo certa por ser quem pensa com a razão, ele se dizendo certo por ter o sonho podado pela esposa.

Com a tomada de consciência, a esposa passará a entender que, por mais que a decisão do esposo repercuta na vida a dois, ele tem o direito de procurar o trabalho que será fruto de seu propósito, onde ele se sente bem e pleno.

Ao marido, cumprindo o papel empático de entender os motivos protecionistas que levam a esposa a agir como age, também caberia, se possível, ajudá-la a procurar os próprios sonhos, pois ainda que ela seja dona de casa, não pode passar a vida gerenciando os sonhos e os passos da carreira do esposo. É preciso que ela também trace planos, tenha sonhos, metas e trilhe a sua jornada da felicidade. Assim, a esposa encontrará a sua verdade.

Por último, já que entramos nesse assunto, uma dica aos casais que buscam a jornada da felicidade. Faz sentido que o casal procure ser feliz, mas a felicidade no plano pessoal não pode, nem deve ser deixada de lado sob o pretexto de que "nós dois nos tornamos um só".

Se você fizer uma busca rápida entre os amigos da rede social, vai encontrar redes sociais do tipo Chico&Dani. Não é raro que os casais passem a ter uma só rede social, uma só senha, uma só conta bancária, um só círculo de amigos (quando o ideal seria que tivessem também amigos pessoais), um só lazer, uma só academia, um só programa de televisão, um tipo só de livros e passo a passo, a mesma vida, os mesmos desejos.

Lembre-se de que cada um do casal tem o direito de ser feliz primeiro consigo, desenvolvendo amor-próprio, pois o ser humano só pode dar aquilo que tem. Dê o máximo de si para a pessoa amada, sem perder um norte: você tem uma vida pela qual é responsável, e ela, idem.

Restando somente dois capítulos, vamos nos encaminhando para o fim da obra e já sou grato a você, que me acompanhou até aqui. Convido você a continuarmos juntos nestas derradeiras linhas e ideias, pois tenho ainda mensagens que considero fundamentais para a jornada da felicidade...

Bruno Adriano

Capítulo 16

Como os líderes modernos podem ter o time ao seu lado

No palco corporativo ou no setor de treinamentos livres, tenho aprofundado e insistido na empatia. Repare que, ao longo da obra, trouxe a empatia diversas vezes, porque foi ela que me permitiu levar a jornada da felicidade e contribuir com líderes, pais e mães, filhos, amigos, colaboradores, empresários, diretores, gestores.

As pessoas têm demonstrado muito interesse no tema, porque embora seja imprescindível, não se costuma exercitar empatia durante o cotidiano. Seja em casa ou nas empresas, duvido que alguém diga com frequência:

— *Vamos reservar os próximos trinta minutos para treinar empatia?*

Certa vez, fui convidado pelos sócios de uma empresa de cobrança que prestava serviços para os principais Bancos federais, que desejava uma bateria de treinamento de comunicação para o time.

Bem antes de realizar o trabalho, tracei um planejamento de quatro horas com os envolvidos e marquei mais três encontros num total de oito horas na empresa, para conhecer o dia a dia, tomar ciência dos problemas que enfrentavam, investindo tempo e energia no diagnóstico para criar o melhor produto.

Nosso instituto obteve um resultado fantástico durante a execução, não porque somos treinadores fantásticos, mas porque nos preocupamos com o melhor planejamento, para que cada colaborador aproveitasse ao máximo.

Eu costumo investir nesse enquadramento e não tenho uma palestra ou um treinamento igual ao anterior. É tudo personalizado, porque eu vivo de acordo com a jornada da felicidade, que jamais é única ou estável. Então, não faria sentido oferecer mais do mesmo. Quanto mais invisto em empatia, mais preciso se torna o GPS da vida realizadora que consigo entregar ao participante.

É o que desejo propor a você nesta reta final. Com o cuidado de não parecer arrogante, relembro que o nosso instituto atinge uma taxa de recontratação acima de 70%. Mágica? Não. Toque de Midas? Não. A resposta correta é empatia, senhoras e senhores!

Digamos que você seja líder/gestor e queira o time ao seu lado. A recomendação é que dê aos membros da equipe o máximo de ferramentas para que melhorem 1% ao dia e desejem ter uma jornada da felicidade que possam trilhar.

Veja a inversão: propicie o ambiente que gere o desejo de trilhar, em vez de ditar qual jornada da felicidade seguirão. Lembre-se de uma nova lógica que compartilho com você agora.

> "Colaboradores são leais aos líderes que têm empatia diante de suas dores e frustrações, de seus objetivos e desejos. O restante, chamam de salário."

Construa rituais que tragam conhecimento e autoconhecimento; palestras, treinamentos e eventos diversos que fomentem mais e mais elementos para que o colaborador siga o seu caminho.

Se possível, inverta a lógica dos treinamentos convencionais um dia planejados por líderes destreinados. Isso mesmo, estamos falando de líderes que não participavam e não se submetiam a treinamento, usando o pretexto de que "chefe não precisa". Por isso, não evoluíam, mas escutavam dizer que o treinamento da equipe faria a diferença.

Como esses líderes antigos não sabiam da missa a metade, definiam programas de treinamento focados em técnicas para obter melhores números, ignorando que deveriam seguir outra lógica: programas de treinamento focados em técnicas para se obter a melhor *performance* que, por consequência, se transforma em melhores números.

Ainda pior do que isso, em alguns casos esses líderes convenciam os sócios de que o responsável por recursos humanos poderia ministrar os treinamentos do time de vendas, por exemplo, dada a sua experiência com as pessoas.

Claro que não estou diminuindo ou questionando a competência dos profissionais de RH, por quem tenho imenso respeito. Ocorre que os treinamentos de vendas devem ser ministrados por quem tem *expertise* comercial e, de preferência, por pessoas alheias à organização, que não foram contaminadas pela rotina e pelos problemas que toda empresa encara.

As reuniões para compartilhamento dos resultados também são bem-vindas, desde que sejam objetivas, prazerosas e com visão de futuro, mas não aquelas reuniões que enobrecem o campeão e malham os últimos do *ranking*. Assim, desde que seja muito bem elaborado, promove-se o alinhamento das expectativas.

Outro cuidado a ser adotado é sobre a repetição. Submeter o time a um treinamento idêntico ao que foi ministrado no ano anterior é um desrespeito e muita gente não se dá conta disso.

Pela confiança no meu trabalho, vi cliente propor soluções que desaprovei.

— *Brunão, pode trazer o mesmo conteúdo que entregou no ano passado. As pessoas adoraram.*

Eu me recordo que pedi licença, apresentei a minha não concordância e, com a autorização do cliente, criei outro evento específico e dedicado ao público. Deu mais trabalho? Sim. Deu mais retorno e trouxe mais felicidade ao time do cliente? Sim. Os *feedbacks* após o evento compensaram todo o esforço de oferecer algo inédito.

Precisamos estar atentos ao momento em que se vive, aos desafios do mercado que jamais serão exatamente iguais em relação ao último ano ou semestre.

Quer liderar e ser um exemplo, construir um legado na carreira de líder? Atente-se na informação nova, no frescor das ideias.

Outro ponto é retribuir a confiança depositada. Já pensou nisso?

Quando você lidera alguém, essa pessoa confia, vê em você o comandante do navio, credenciado a zelar pela sua melhor *performance*.

No dia a dia e nas ocasiões especiais para planejar eventos e transferir conhecimento, nas reuniões de premiação, nas celebrações de meta e até durante a *happy hour*, retribua com a diferenciação, surpreendendo o time com o mesmo afinco que possui para surpreender os clientes. Afinal, a equipe é o nosso cliente interno e merece o carinho do ineditismo.

Por exemplo, vai criar uma campanha de vendas? Participe, acompanhe o setor de *marketing*, dê opiniões, ajude a inovar. Só não cometa o desatino de repetir a campanha, a periodicidade, a premiação e as regras. Vou dar um exemplo meu.

Tenho cliente que bate meta há dez anos e premia todos os campeões. Como o cliente confia em nosso instituto, em certa ocasião solicitou um treinamento para manter a chama acesa e nem fez questão de especificar o conteúdo. Disse-me o cliente:

— *Pode ser focado em vendas e dar aquela motivada, Bruno. O que você trouxer, será ótimo!*

Se eu levasse um conteúdo de motivação em vendas, "ensinaria missa para o vigário". Distante disso, levei para a turma um conteúdo programático inspirado na autoliderança, na jornada da felicidade ao custo de melhorar 1% ao dia. Foi um sucesso, a equipe teve excelente aproveitamento pós-evento e o cliente ficou outra vez satisfeito. Então, eu lhe pergunto: não teria sido um grave erro levar um treinamento focado em vendas para vendedores tão habilidosos?

Pegou o jeitão? Percebeu como não é difícil manter clientes e equipes felizes? Basta pensar e agir com o carinho que eles merecem, oferecendo ineditismo, surpresa positiva, superação de expectativas e aproveitamento máximo.

Fechados esses recados finais que precisava deixar a respeito da relação liderança *versus* educação empresarial, quero também colocar em suas mãos a certeza de que conseguirá atravessar períodos turbulentos e antes de saltarmos até lá, uma reflexão.

"As pessoas são diferentes em vários aspectos: cultural, educacional, social,

biológico, comportamental. Só uma figura
é capaz de unir tamanha diversidade
em favor de um projeto, negócio ou
propósito, o líder."

Bruno Adriano

Capítulo 17

Adapte-se, evolua e seja feliz

Bruno Adriano

Lá no início da obra, comentei sobre a primeira transição de carreira que fiz, deixando um cargo de confiança e todo o reconhecimento que a posição executiva prevê. Dois meses depois, veio a pandemia.

Um aprendizado, um legado da Covid-19, é este: fazer a lição de casa durante as mudanças que escolher na vida, para que possa estar de prontidão rumo aos sacodes.

Ao longo da vida, possivelmente mudaremos de empresa ou projeto, assumiremos novos relacionamentos amorosos, trocaremos a casa onde um dia fomos felizes, compraremos coisas que no passado juramos nunca comprar ou diremos que nunca mais vamos comprar determinado item outra vez. Fecharemos contratos que nos deixarão felizes e exigirão um brinde bem celebrado, talvez pensando, entre um gole e outro, que não imaginávamos chegar ali.

É como o conceito japonês *Ikigai*[15], sobre o qual recomendo no mínimo a leitura da obra que leva o mesmo nome. Precisamos identificar onde estão a paixão, a missão, a vocação, e relacionar tudo isso com o que o mundo necessita e espera de nós, ao mesmo tempo em que valorizamos o que amamos e definimos como queremos ser pagos pela contribuição, pelo legado que deixaremos.

---

15   Razão de viver.

A jornada da felicidade

Convenhamos que a filosofia *Ikigai* depende de nossas escolhas, mas as mudanças externas não nos cabem. Ninguém no mundo conseguiria traçar passos de longo prazo em meio a uma crise sanitária, como aconteceu em 2020 e 2021, principalmente. Por outro lado, não podemos deixar de planejar e agir, ainda que somente o curto prazo mostre uma realidade mais tangível.

Mudanças no ambiente nos obrigam a mudar. Por isso, recomendo que aplique o que aprendeu na obra, aprenda a inserir em sua vida a jornada da felicidade, transforme a obra que humildemente ofereço a você em uma espécie de GPS a visitar de vez em quando, reler os *highlights*[16], monitorar a rota, certificar-se de que tem feito tudo e, poxa vida, fazer contato. Se ficar difícil, dê um alô, mande um *e-mail*, troque uma ideia comigo.

Está pensando que vou fazer como aquela pessoa que diz "aparece lá em casa uma hora dessas" e nunca dá o endereço? Como dizem as crianças, nã-na-ni-na-não. Aí vai: brunoadriano@evolarse.com.br – a correria do cotidiano pode fazer com que eu precise de um tempinho, mas me comprometo a responder, porque esse contato com o leitor, para mim, é como a proximidade que procuro com as pessoas treinadas pelo nosso instituto: fundamental.

É trocando impressões e opiniões que fortificamos a nossa jornada da felicidade.

Retomando a reflexão, recomendo que desenhe bem os processos, trace com excelência a rota que o GPS da vida realizadora disponibiliza. Escolha o caminho, porque você é o navegador. Lembre-se dos importantíssimos "pra quês", defina como vai fazer, o que precisará, com quem poderá contar, quanto cai custar e quando vai começar.

---

16   Numa tradução não literal e mais voltada ao contexto citado, "pontos luminosos para refletir".

Nós, ocidentais, somos mais executores do que planejadores, e podemos rever a posição. Não precisamos ser assim para sempre. Afinal, prédio sem alicerce cai, relacionamento sem base termina nas brigas mais simples, carreira sem estrutura não passa das primeiras promoções e patrimônio formado por endividados corre o risco de esfacelar da noite para o dia.

Sem bases sólidas, não identificamos alternativas, e isso explica por que tantos empresários, colaboradores, líderes e empreendedores ficaram tão perdidos durante o enfrentamento da pandemia. Explica ainda por que tantos casais se separaram ou tiveram sérias dificuldades por ocasião do necessário isolamento social.

Casais, que antes passavam pouco tempo juntos, de repente se viram obrigados a um convívio ininterrupto de 24 horas por dia.

Quando a pessoa sabe lidar melhor consigo, se conhece, sabe o que vai dentro de si, identifica onde determinada situação é dolorosa, dá a sua máxima *performance* (razão e emoção), se prepara e se blinda para atravessar o período doloroso da melhor maneira.

Concorrentes dispostos a sabotar projetos existem por aí aos montes. Gente disposta a frear um projeto seu também se encontra em qualquer esquina. Por outro lado, não é difícil lidar com gente e concorrente de intenções duvidosas.

Difícil mesmo, e esta é a dica final, é zelar por si, adotar cuidados contra os próprios sabotadores, as crenças limitantes que carrega desde a infância, as sombras que imploram por protagonismo em sua vida, usando vozes internas.

— *Você não precisa fazer isso!*

— *Seria doloroso e desnecessário!*

— *Outro que faça!*

— *Viveu até hoje sem essa conquista e foi feliz!*

Vença as crenças e os sabotadores íntimos, cultivando vitórias pontuais e gradativas, regradas por uma filosofia da qual você já é bem íntimo: 1% ao dia.

Não viva do passado, cultivando arrependimento como se fosse uma bela planta. Aprenda a enfrentar e lidar com os traumas de ontem, entenda como avaliar a sua vida de maneira sistêmica, pois de qualquer jeito os traumas não resolvidos e as pessoas de vínculo sanguíneo que você resolveu deixar para trás voltarão sistemicamente a sua vida, procurando o lugar que foi tirado deles, tentando o direito de viver a experiência que precisava ser vivida ao seu lado e há muito está atrasada.

Não viva do futuro. Ao menos, não aqueles nocivos, já que existem "três futuros". O primeiro é aquele em que você prevê as realizações e se mantém motivado pela esperança, pela fé, pelo desejo verdadeiro de ver o objeto de seus planos. O segundo é o condicionante, que faz a pessoa ficar se perguntando e antevendo insucessos. Por exemplo:

E se eu não conseguir?

E se eu estiver desempregado na época?

E se eu adoecer?

E se eu não tiver dinheiro?

O terceiro futuro é outro indesejável, aquele repleto de ansiedade, que faz o ser humano agir sem pensar ou passar a vida pensando sem agir.

Viver o seu presente é estar conectado aos seus "pra quês", aos motivos positivos que regem sua existência, à essência de saber que está fazendo hoje tudo o que é importante para celebrar o dia de amanhã e, em vez de carregar arrependimentos, transportar as merecidas vitórias de uma jornada da felicidade marcada pela luta diária, pela dedicação de 1% ao dia até alcançar o ápice daquilo que deseja. Por último, já me aproximando da despedida, é saber que um negócio sem dados representa um tiro no escuro, e uma vida de planos sem indicadores pode representar uma vida sem futuro.

Saiba aonde está indo, monitore o caminho, confira se de fato tem se aproximado ou se distanciado daquilo que deseja. Ouça o aconselhamento positivo daqueles que o amam, procure não ouvir aqueles que ficam agourando, criticando ou menosprezando os seus planos.

Assim que você começa a realizar o seu intento, a dinâmica da vida vai rolando e, com toda certeza, não vai ficar esperando a sua decisão.

Decida você agir ou não, procrastinar ou não, o sistema vai seguir o seu ciclo infinito de eventos e você pode se beneficiar, desde que esteja consciente de tudo o que está acontecendo, pronto para a tomada de decisão, a tomada de consciência e a presença de convicções.

Não dê bola para o que a mídia diz ser melhor, para o que o tio encontrado no churrasco de fim de semana alega ser o certo, para o que o vizinho jura ser mais importante. Descubra o que é relevante para você e lembre-se da oriental filosofia *Ikigai*: faça o que lhe faz bem, o que você gosta, o que a humanidade precisa e o que pode remunerar você diante de tudo isso.

Tenho certeza de que agora você tem recursos para planejar, merecer e realizar o que deseja. Vá de leve, vá como dizem os garotos, "de boas". Só não deixe de ir, não pare, não hesite, não fuja.

A jornada da felicidade é uma proposta que faço. Mas, no fundo, ela é minha, é sua, é de quem você ama, é de todo ser vivente, pois o ser humano foi criado para ser feliz e, no seu caso, espero que eu tenha colaborado, humilde e minimamente, para que chegue lá. E um detalhe: quem sabe onde está o "lá" é você!

Lembre-se de que, há pouco, deixei o meu e-mail. Vamos trocar *e-mails* em prol da nossa jornada? Da minha parte, já topei e me antecipei. Espero a sua mensagem...

Por último, deixo um presente que prometi enquanto preparava a apresentação do livro. No *e-mail* que me enviar, comente também que chegou até aqui. Ao responder, encaminharei um *link* para que você acesse durante uma semana o que chamei de: A Jornada da Felicidade nos 5 Cantos do Brasil.

É o meu humilde presente extra para a sua jornada da felicidade...

A jornada da felicidade

Fim

Bruno Adriano

Bio

Natural de Belo Horizonte, após mais de 20 anos dedicados à área executiva comercial, Bruno Adriano fundou o Evolarse Instituto, com a missão de ajudar milhares de pessoas e empresas a aumentarem ainda mais o desempenho.

Formado em Administração, com MBA em Gestão de Pessoas e Gestão Comercial, é *trainer* em PNL e especialista em Inteligência Emocional. Atua como palestrante, treinador comportamental e mentor nas áreas de Vendas, Liderança, Gestão Estratégica e Inteligência Emocional.

Apaixonado pela vida e pela humanidade, é vendedor desde os cinco anos e sempre se interessou pelas histórias, culturas e experiências de cada ser que conhecia e com quem convivia.

Inspirado pelo desejo de ser uma pessoa – e um profissional – melhor a cada dia, tem como principal conceito de vida melhorar 1% ao dia. É apreciador de pontos de vista diferentes e há anos estuda o comportamento humano.

Criador da Metodologia Tríade da Gestão Estratégica e do programa de melhoria contínua pessoal e corporativa "Seja melhor 1% ao dia", tem contribuído para que o ser humano seja visto e reconhecido por sua diversidade de opinião e posicionamento, de modo que isso repercuta no aumento da *performance* de cada empresa.

Ilustrações:

daniloscarpa.com